アイドル＆モデルみたいになれる

5分で めちゃかわ♥ 女子力アップ おしゃれ☆スタイル レッスン帳

ストレッチ監修：遠山健太

栄養・料理監修：有馬佳代

YOGURT

FACE WASH

JN060527

PHP

次、
中村美月さん

ハイッ

美月ちゃん
がんばネー

とてててて

ドスッ

あはは－　2メートルしか
とばなかったー

わたしも
だよー

おまえ着地のとき
ドスッっていってたぞー。
重たそー

ドス……？

重……!?

次の日の帰り道

ぐぅぅ〜

きゅるるる〜

おなかすいた……
でもダイエットしなきゃ。
ガマンガマン……

ぐぅ

ひさしぶり

うぅ……めまいが
してきた……フラー

美月ちゃん？

凛お姉ちゃん！

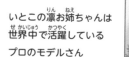

いとこの凛お姉ちゃんは
世界中で活躍している
プロのモデルさん

日本にいるときは
時間を見つけて
遊びにきてくれるんだ

これから美月ちゃんの家に
行こうとしてたんだけど。
なんだか元気ないね

凛お姉ちゃん……
わたしってやっぱり
太ってるのかな？

小学生のうちは
ぽっちゃりしていても
いいのよ。
これから背ものびるんだし

でも
わたし

凛お姉ちゃんみたいに
キレイになりたいっ

よし！

キレイになりたいなら
まちがったダイエットは
禁物よ！

正しい方法で
健康的な "キレイ" を
手に入れましょう

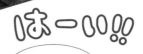

わたしがいろいろ
教えてあげるわ

きちんとした食事と
成長に合わせた運動が
ポイントよ

中村美月

小学4年生の
元気で明るい女の子。
でも最近は自分が
太っているのではないかと
なやんでいる。

青木凛

美月のいとこで
プロのショーモデル。
世界中で
活躍している。

アイドル&モデルみたいになれる

5分で
めちゃかわ♥

女子力アップ

おしゃれ☆スタイル
レッスン帳

名前

もくじ

レッスン❶ 自分で自分をプロデュース♥ 食生活を見直そう！

レッスン ❷

自分で自分をプロデュース♥ ボディエクササイズを習慣に

レッスン 3

自分で自分をプロデュース♥ ビューティーテクを伝授！

自分で自分をプロデュース♥
食生活を見直そう！

健康的にキレイになるためには、
どんなふうに食事をとったらいいかな？
正しい知識を身につけて実せんしてみよう。

お手軽朝食
メニュー

作ってみよう！
ヘルシーレシピ

バランスのよい
食事って？

健康的にスタイルアップするにはどうしたらいいの？

健康的にスタイルアップするためには、バランスのよい食事と運動が大切！　しっかり食べて、積極的に体を動かすことで、キレイになれるよ。

健康的にスタイルアップすると……？

Check!!

きちんと食事をすると
体も気持ちも元気！

Check!!

食事で必要な栄養を
しっかりとっている
から、髪の毛もツヤ
ツヤで肌もスベスベ
になるよ★

Check!!

筋肉があると、体が引
きしまって見えるね♪

いつも元気なの
で、活動的で、
明るい印象に。

Check!!

Check!!

筋肉がつくと、基礎
代謝量（➡ 43 ペー
ジ）が上がって太り
にくくなるよ。

守りたい！

★ 健康的にスタイルアップするための3つの習慣

1 3食、きちんと食べる

朝、昼、夜、しっかり食事をとろう。1食ぬくと、次の食事までに時間があいてしまい、空腹で力が出なかったり、1回の食事で食べすぎてしまったりすることがあるよ。

2 栄養バランスに気をくばる

「肉だけ」「ごはんだけ」など、かたよった食事をしているとおなかはいっぱいになっても体に必要な栄養がとれないよ。キレイになるためにはバランスのとれた食事が重要！

3 適度に体を動かす

ハードな運動をする必要はないよ。外遊びをしたり、よく歩いたり、ふだんの生活の中でこまめに体を動かすことを意識するだけでOK！　しっかり体を動かしていれば、少し食べすぎても太る心配はないよ。

絶対ダメ！

★ 食事をぬくダイエットは超キケン！

やせようと思って、食事をぬいたり、無理な食事制限をしたり、「〇〇しか食べない」という単品ダイエットをしたりすると、体をこわしてしまうよ。貧血や肌荒れだけでなく、骨がもろくなったり、筋肉が落ちて太りやすい体質になってしまったりすることも。大人になったときの健康にも影響をあたえてしまうよ。成長期は、体を作るとても大事な時期。しっかり食べて、健康的でキレイな女の子になろう★

❷ 食事をする時間を意識しよう！

ダラダラ食べたり、夜おそくに食事をとったりするのは不健康だし、太る原因にもなるよ。食事の時間を見直してみてね！

こんな食べ方をしていない？

夕食前におやつを食べる Check!!

夕食が食べられなくなって、必要な栄養がとれなくなるよ。

ダラダラ食べる Check!!

時間をきめずダラダラ食べると、つい食べすぎてしまうよ。

夜おそい時間の夕食や夜食 Check!!

太りやすくなるのはもちろん、寝ている間に消化しきれず、胃もたれの原因になるよ。

食事の時間がきまっていない Check!!

ふぁ～

生活リズムが乱れて、体のリズムもくずれてしまうよ。

規則正しい食事時間で心も体も元気♪

規則正しい食生活は、健康の基本。毎日、朝、昼、夜、のきめられた時間に食事をすることで、生活リズムも、体のリズムもととのうよ。特に、朝起きて最初に口にする朝ごはんには、体と脳を自覚めさせる役目が。朝ごはんを食べないと、午前中に力が出なかったり、勉強に集中できなかったりするの。

 # おやつは時間をきめて 15 分以内に！

甘いものやスナック菓子など、好きなものを好きなだけダラダラ食べるのが、いちばんダメなおやつの食べ方。食べすぎて、太る原因になったり、夕食が食べられなくなったりするよ。お菓子は、栄養がかたよっているから、食事がわりにはならないの。だから、おやつは時間をきめて、食べる分だけお皿に出してから食べてね。栄養をおぎなってくれるナッツやフルーツなどがおすすめ♪

★ 1 日の食事は 12 時間以内にしよう！

夜おそい時間に食べると、エネルギーを使わないうちに寝てしまうことになり、太りやすくなるよ。また、おそい時間に胃に食べ物が入ると、眠りの質が悪くなって、朝、食欲がわかない原因に。朝、最初に食べるひと口から、夜、最後のひと口までが 12 時間以内になるようにしよう！朝起きたときに、おなかがペコペコになっているのが健康のサインだよ★

12 時間以内におさめよう！

最初のひと口	最後のひと口
午前 6 時半の場合 →	午後 6 時半
午前 7 時の場合 →	午後 7 時
午前 7 時半の場合 →	午後 7 時半
午前 8 時の場合 →	午後 8 時

午前 6 時半 起床 朝ごはん

午後 9 時半 寝る

12 時間以内に！

午後 6 時半 夕ごはん

正午 昼ごはん

午後 4 時 おやつ

❤3 どうしてもしっかり食べられないときの お手軽朝食メニュー

朝ごはんは大切！ わかっていても時間がないときもあるよね。
簡単に用意ができて栄養もとれる、お助けメニューを紹介するよ★

目玉焼き

卵には、記憶力や集中力を高める「コリン」という栄養素がふくまれていて、朝食にぴったり。

ゆで卵

油を使っていないからカロリーひかえめ。血や筋肉を作る栄養素を手軽にとることができるよ。体をじょうぶにしてくれるスグレモノ。

ミニトマトとチーズ

調理時間がゼロだから、すぐ食べられるね。肌や髪の毛のトラブルに効果あり。カゼ予防も期待できるよ。

焼きトマト

切って表面を油で焼くだけ。トマトの栄養を吸収しやすくなるよ。溶けるチーズをのせてもいいね♪

くるくるのりハムチーズ

のりとハムとスライスチーズを重ねて巻くだけ。成長期に大切なカルシウムとたんぱく質がとれるよ。

バナナ＆ヨーグルト

バナナはビタミンたっぷりで、腹持ちもいいフルーツ。ヨーグルトには、カルシウムがたくさん！

スクランブルエッグ

卵には良質なたんぱく質がたっぷり。さらに野菜類といっしょに食べると、ビタミンＣもとれておすすめ。

セロリのピーナッツバターのせ

セロリは便秘やむくみを解消する効果があるよ。栄養価の高いピーナッツバターは無糖のものを選んで。

納豆

納豆はおなかの調子をととのえる効果あり。おすすめはビタミンや食物繊維などがたっぷりの、そばの実納豆。

納豆巻き

ごはんにふくまれているブドウ糖は脳のエネルギー源！ 納豆とのりで、さらに健康パワーアップ★

早寝・早起きの習慣をつけよう!

朝日を浴びよう!

人の体には、1日のリズムをきざむ、「体内時計」がそなわっているよ。体内時計があるおかげで、朝になると目が覚めて活動的になり、夜になると眠くなるの。ただ、体内時計は光に敏感で、夜間の部屋のあかり、スマートフォン、ゲームの光などに反応し、昼間だと勘違いしてしまうことでズレてしまうんだ。体内時計がズレていると、朝になっても起きられず、日中ぼんやりしてしまったりすることも。そのズレは、朝日を浴びることで、光の刺激が脳に伝わり、解消されるよ!

朝ごはんを食べよう!

早起きをして朝ごはんをきちんと食べると朝から元気に活動ができるよ。朝ごはんは体と脳を目覚めさせてくれるんだ(➡ 17 ページ)。食べ物を消化吸収することで休んでいた臓器が一斉に活性化され、体内時計のズレがリセットされるよ。ごはんだけ、パンだけではなく、いっしょにたんぱく質の多い卵や納豆、ビタミン豊富な野菜やフルーツも食べてね。

早起きと朝ごはんで、キレイのループを作ろう！

早起きして朝ごはんを食べることで生活リズムがととのうよ。
不健康なループにはまらないように、注意しよう！

生活習慣をチェックしよう！

自分にあてはまる、生活習慣の□に✓を入れてね。

□ 寝る前に、ゲームをしたり、スマートフォンを見たりする。
□ 夜ふかしが続いたら、週末にたっぷり寝だめをする。
□ つかれるから、昼間あまり運動をしない。
□ 寝る前にはげしい運動をする。

これらはすべて、早寝を
さまたげる、悪い習慣だよ。
✓がゼロになる
ようにしよう！

健康的な生活リズ
ムにするために、
早く寝ることから
始めてみてね！

働きを知って、スタイルアップにいかそう！
五大栄養素って何？

食べ物にはそれぞれ、体の中で大切な働きをする栄養素が
ふくまれているよ。どんな働きをするのか、チェックしてみよう！

五大栄養素の種類と働き

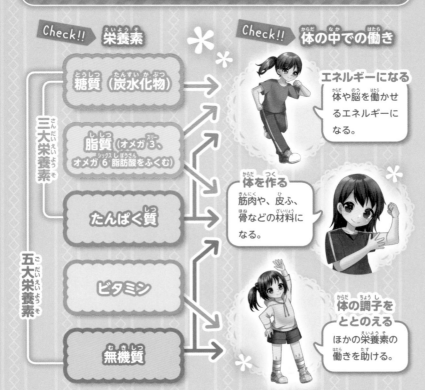

Check!! 栄養素

糖質（炭水化物）

脂質（オメガ3、
オメガ6脂肪酸をふくむ）

たんぱく質

ビタミン

無機質

三大栄養素

五大栄養素

Check!! 体の中での働き

エネルギーになる
体や脳を働かせ
るエネルギーに
なる。

体を作る
筋肉や、皮ふ、
骨などの材料に
なる。

**体の調子を
ととのえる**
ほかの栄養素の
働きを助ける。

★ 幅広い食品からバランスよく！

どの栄養素も健康や成長に欠かせないよ！　同じ食品ばかりからとるのではなく、
いろいろな食品からとるのが理想的だよ。

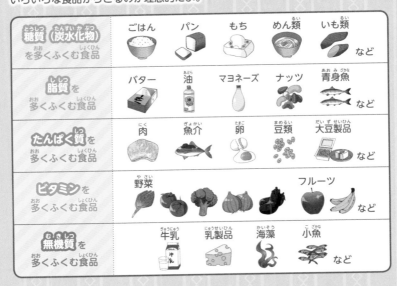

糖質（炭水化物）を多くふくむ食品	ごはん	パン	もち	めん類	いも類	など
脂質を多くふくむ食品	バター	油	マヨネーズ	ナッツ	青身魚	など
たんぱく質を多くふくむ食品	肉	魚介	卵	豆類	大豆製品	など
ビタミンを多くふくむ食品	野菜				フルーツ	など
無機質を多くふくむ食品	牛乳	乳製品	海藻	小魚		など

★ キレイの強い味方！
食物繊維をしっかりとろう！

食物繊維は、「第6の栄養素」ともいわれ、健康な体づくりの強力な味方♥　おなかの調子をととのえたり、肥満を予防したりするよ。がんなどの病気のリスクを下げる効果も！　1日に必要な量に足りていない人が多いので、積極的にとるようにしよう。

食物繊維を多くふくむ食品

野菜	フルーツ
海藻	きのこ類
豆類	いも類
ナッツ	

5 バランスのよい食事って どんなもの？

料理のグループは主食、主菜、副菜、牛乳・乳製品、フルーツの5つに分かれているよ。上手に組み合わせると栄養バランスのよい献立になるから意識してみよう♪

料理のグループの組み合わせをチェック！

牛乳・乳製品と、フルーツは1日、1回はとりたいグループだよ。Check!!

学校の給食も理想的な組み合わせだってことがわかるね！

牛乳・乳製品
牛乳、ヨーグルト、チーズなど

Check!!

主食、主菜、副菜は、毎食そろえよう。

副菜
野菜、きのこ類、いも類、ひじきなどのおかず

主食
ごはん、パン、めん類、もち、シリアルなど

主菜
肉、魚、卵、大豆などのおかず

Check!!

フルーツ

1日で、5つのグループすべてをバランスよくとるようにしよう。

何をどれくらい食べたらいいの？

★ おべんとう箱で考えてみよう！

主食が3、主菜が1、副菜が2の割合になるようにするのが基本だよ。
主食の量は、その日の運動量に合わせて調節してね。

主食 ごはん

主菜 卵焼き、鶏のから揚げ

副菜
ブロッコリー、
ミニトマト、
ひじき、
切干大根

運動量が
少ないときは
少し減らそう。

フルーツ いちご

牛乳・乳製品 チーズ

★ 食べすぎに注意！な食品

ハム、ソーセージなどの加工食品や、インスタントラーメン、スナック菓子、濃い味つけのものは、塩分がたくさんふくまれているよ。塩分のとりすぎはさまざまな病気の原因になるし、つい食べすぎて、太る原因に。また、加工食品やスナック菓子だけでおなかいっぱいになってしまうと、必要な栄養素がふくまれる食事がとれなくなって、体は太っているのに、栄養不足になることも……。

26

左と右の絵では、ちがうところが7つあるよ。
全部見つけられるかな？

こたえは158ページ

キレイに差がつく 食事の選び方・食べ方

季節感がありカロリーも低いメニューが多い、和食がキレイの味方♥
濃い味つけのものは、塩分と糖分が多いので注意しよう。

焼き魚

魚には、血管を保護し、脳の働きをよくして免疫力を上げるオメガ3脂肪酸がふくまれているよ。

うす味の煮もの

塩分や糖分が多くならないよう、うす味のものがいいね。素材の味も楽しもう★

具だくさんのみそ汁

みそ汁は、ポリフェノールが豊富な大豆を発酵させているから消化吸収しやすいよ。海藻や根菜などの具を入れるとなお◎。

豚のしょうが焼き

豚肉には疲労回復に役立つビタミンB1が豊富だよ。野菜もいっしょにとると、バランスのよい主菜に。

温野菜のサラダ

ビタミンやミネラルの豊富な野菜をたくさん食べられるよ。オレイン酸をふくむオリーブ油をかけて、さらに健康的に★

青菜のごま（くるみ）あえ

ごまにはカルシウム・鉄分・食物繊維など、くるみにはオメガ3脂肪酸など、体にいい栄養素がたくさん♥

✿ キレイに差がつく！ おやつトッピング

アーモンドなどのナッツ類やレーズンなどのドライフルーツを、いつものアイスやヨーグルトにトッピングするだけで、いろいろな栄養素をとれるよ。

ナッツ類　　ドライフルーツ

おやつの飲み物が牛乳ならもっとヘルシーだね♥

✿ 毎食心がけたい！ キレイになる食べ方

1 ゆっくり、よくかんで食べる

早食いは太ってしまう原因！　ひと口30回はかもう。だ液がよく出て、消化を助け、虫歯予防にも！

もぐもぐ30回

2 食事に集中しよう！

テレビや、スマートフォンの画面を見ながら食事をしていない？　ながら食べをすると満腹になりにくく、食べすぎの原因になるよ。

3 おいしく食べる

健康にいい食べ物でも、イヤイヤ食べると体によくないよ。苦手なものを食べるときは、「これを食べたらもっとキレイになれる♥」と思って、味わってみよう。

キレイになれる♥

キレイをおうえん！

簡単に作れる！ ヘルシーレシピ

体にいい、おいしい料理を自分で作ってみよう！

※電子レンジの加熱時間は600Wを基準にしているよ。包丁や火を使うときは、おうちの人に見てもらおう。

★ ヘルシーレシピ 食事編

作り置きもできるお手軽メニュー！ ミニオムレツ

材料（1人前）	卵…1個
	ピザ用チーズ…20g
	具 ミニトマト〈半分に切っておく〉…2個
	冷凍枝豆（またはゆでた枝豆）…10〜12粒くらい
	※具は、ハム・ウィンナー・ホウレンソウのおひたしなどでも代用可。
	青ねぎ〈きざんでおく〉…5cm

作り方

1
ボウルに卵を割りほぐし、ピザ用チーズをまぜる。

2
シリコーン製のカップ2個に1と、ミニトマト、枝豆、青ねぎを入れる。同じ量にわけよう。

3
電子レンジで30秒加熱しよう。

4
ムラをなくすためカップを半回転させてさらに30秒加熱する。卵が固まるまで温めてね。

すぐに食べない場合は、あら熱がとれてからラップで包んで保存（冷蔵期間3日・冷凍期間1か月）しよう。食べるときはレンジで30秒加熱してね。室温解凍や、冷蔵庫で一晩置いておくと、温めなくても食べられるよ。

※カップは熱くなっているので、素手でさわらないようにしよう。電子レンジのふちも熱くなっていることがあるから気をつけて！

朝食にぴったり！ 豆乳トマトスープ

材料（1人前）

- 豆乳…2分の1カップ
- トマトジュース（無塩）…2分の1カップ
- エノキダケ〈食べやすい大きさに切っておく〉…少々
- ゼラチン（または片栗粉）…小さじ1
- とろろ昆布（またはピザ用チーズ）…ひとつまみ
- 塩〈好みで〉…ひとつまみ
- 青ねぎ〈きざんでおく〉…5㎝

作り方

1 ボウルにゼラチンと豆乳を入れ、よくまぜる。

※ゼラチンのかわりに片栗粉を使う場合はここで入れてね。

2 エノキダケと、トマトジュース、1を耐熱容器に入れてよくまぜる。

※とろろ昆布のかわりにチーズを使う場合と、塩を入れる場合はここで加えてね。

3 電子レンジで2を1分加熱しよう。

4 ほぐしたとろろ昆布を入れてよくかきまぜ、青ねぎをのせる。

たんぱく質がたっぷり♥ さきいかのレモン風味スープ

材料（1人前）

- さきいか〈食べやすい大きさに切っておく〉…20ｇ
  ※ベーコン・ウィンナーなどでも代用可。
- カットわかめ…ひとつまみ　　水…1カップ
- レモン…うす切り1枚 ※またはレモン果汁…数滴（小さじ4分の1）
- 青ねぎ〈きざんでおく〉…5㎝
- ごま油〈好みで〉

作り方

1 耐熱容器に、さきいかと、カットわかめ、レモン、水を入れて、電子レンジで1分30秒加熱する。

2 電子レンジから出さずに、さらに1分30秒待って余熱で温める。

3 お好みでごま油をまわしかけ、青ねぎをのせる。

★ ヘルシーレシピ おやつ編

おからで作るマグカップケーキ

材料
（マグカップ2個分）

❶おからパウダー…大さじ4
※きな粉…大さじ3と、米粉または片栗粉…大さじ1でも代用可。

❷ベーキングパウダー…小さじ2分の1
※重そう…小さじ4分の1でも代用可。

❸豆乳（または牛乳）…2分の1カップ

❹卵…1個

干しあんず（または好きなドライフルーツ）…60g

お湯または水…3分の1カップ　バター…4g

作り方

1
❶、❷、❸、❹をボウルの中でまぜ合わせ、10分ほど置いて生地をなじませる。

2
干しあんずを小さくきざんで、お湯または水に入れ、電子レンジで1分加熱して、やわらかくしておく。

3
バターを半量ずつマグカップに入れて、電子レンジで20秒加熱して溶かし、1の生地に加える。

4
マグカップに残ったバターは、指でカップ全体にうすくのばしておく。

5
2を汁ごと生地にまぜ、半分ずつふたつのマグカップに入れる。

6
マグカップをひとつずつ電子レンジで30秒加熱する。

7 生地がマグカップの中でかたよっていたら、横にしずかにふって調節する。さらに30秒加熱する。

8 電子レンジから出し、ふたをして2分ほどそのままにしておく。余熱で火が通るよ。

9 ふたつめのマグカップも同じようにする。

寒天フルーツゼリー

材料（4人前）

粉寒天…1袋（4g）
水…1カップ
フルーツジュース…1と2分の1カップ
好きなフルーツ〈小さく切る〉…適量

作り方

1 粉寒天と水をなべに入れ、よくかきまぜながら弱火にかけ、粉寒天を完全に煮溶かす。

2 火を消して、フルーツジュースを加えて、よくかきまぜ、粗熱をとる。

3 フルーツを入れた器に、2の寒天液を入れ、冷めてから冷蔵庫で冷やして固める。

チョコチップ
おからクッキーを作ろう！

さがす物は
7つ

これをさがしてね

こたえは158ページ

コンビニ食品、食べるならどれ？

ときには、コンビニで食べ物やおやつを買うこともあるよね。
スタイルアップのためには、どんなものを選ぶといいかな？

サラダチキン

たんぱく質豊富で、低脂肪。スタイルアップの強い味方♥

野菜サラダ・スティック野菜

野菜の種類が多いものを選ぼう。いろいろな栄養素がとれるよ。

卵焼き・温泉卵

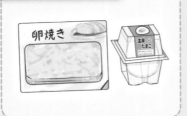

サラダなど野菜のおかずをプラスすると、さらに栄養バッチリ！

スープ

かきたま春雨や野菜スープがおすすめ♥ ワンタンなどは糖質や脂質が多いのでできるだけさけて。

ひじき煮

ひじきにはカルシウムや鉄分が入っているよ。吸収しにくい栄養素だから、その分積極的にとろう。

サラダサーモン

サーモンは免疫力をつけて血管を守るオメガ3脂肪酸や、ビタミンB12などがふくまれているよ。

豆のサラダ

豆には、良質なたんぱく質や食物繊維がたっぷり！

素焼きナッツ

ビタミンやミネラル、食物繊維や必須脂肪酸が多くふくまれているよ。塩や油を使っていないものを選ぶと◎。

寒天ゼリー

寒天は、食物繊維が豊富だよ。寒天ゼリーは低カロリーなのもうれしいね。

カットフルーツ

フルーツには、キレイになりたい子に大切なビタミンC以外に、カリウムやポリフェノールがふくまれているよ。

コンビニで何を買おうかな？

こたえは158ページ

食生活を見直そう！

ここで紹介していることができているか、□に✓を入れて確かめてみよう！

□ 朝ごはんを食べるために、
　早寝・早起きできたかな？

□ 野菜や豆類などの食物繊維を
　多くふくむ食品をしっかり食べたかな？

□ スナック菓子やインスタントラーメンを
　食べすぎないようにできたかな？

□ 単品ダイエットや、食事制限はしていないかな？

□ ヘルシーレシピの食事とおやつを
　作ってみたかな？

わたしといっしょに
がんばろう♥

□ 食事をするときはよくかんで、
　おいしく食べているかな？

自分で自分をプロデュース♥
ボディエクササイズを習慣に

少し食べすぎちゃったかも……！　と思ったら
運動をして、調整しよう。適度な運動で、
メリハリボディになっちゃおう♥

成長段階別エクササイズ

ストレッチでやわらかい体をめざそう！

運動習慣はいいことづくめ！

どうして太るの？

ボディエクササイズを始める前に、まずは体に脂肪がつく仕組みを知っておこうね。太らないためにはバランスのよい食事と適度な運動、1日の活動量の3つがポイントになるよ！

食べ物はエネルギーに変わる！

食べ物から体に取り込んだ栄養素は体の中でエネルギーに変えられて、使われるの。1日3回の食事は、人が動いたり考えたりするうえで欠かせない大切なものだよ。

摂取エネルギー
食べ物から取り込むエネルギーのこと。人が生きて、活動するのに必要なエネルギーだよ。

摂取エネルギーが消費エネルギーを上まわったら……

消費エネルギー
日常生活に必要なことをするために使うエネルギーのこと。じっとしていても必要なエネルギー（基礎代謝量）と、活動や運動に必要なエネルギー（活動代謝量）などがあるよ。くわしくは43ページを見てね。

あまった摂取エネルギーは脂肪に変わって体にたまるよ！

ダイエットなしで一発解決！

運動習慣を身につけて、消費エネルギーを増やそう！

食事を減らさずに、健康的なスタイルをキープするには、活動量を増やして、体に脂肪がつかないようにすることが大切！　でも、無理な運動でエネルギー切れにならないように注意してね。

★ 運動習慣を身につけると いいことたくさん！

いいこと **1**

筋肉や骨が成長して、
基礎代謝量がアップ！

いいこと **2**

活動代謝量が
増えて健康に★

運動して筋肉を
つけることで、
健康的なメリハ
リボディになれ
るんだね！

いいこと **3**

脳が活性化して
発達するよ。

いいこと **4**

血行がよくなって
お肌がツヤツヤに！

いいこと **5**

運動することで、
食欲がおさえられ、
食べすぎをふせい
でくれるの。

知っておこう！

基礎代謝量と活動代謝量などによって消費されるのが、消費エネルギーだよ。

基礎代謝量

心臓を動かしたり、呼吸したりするために
必要なエネルギーのことを基礎代謝量とよ
ぶ。1日に消費するエネルギーのうち、
約60％が基礎代謝量で使われるの。筋肉
の量が増えると、基礎代謝量が上がってエ
ネルギーが燃えやすくなるよ。

活動代謝量

生活活動や運動などで体を動
かすために必要なエネルギー
を、活動代謝量とよぶの。1
日に消費するエネルギーのう
ち何もしなくても約30％が活
動代謝量に使われるよ。

プチ・ブレイク
タイム
まちがい
さがし
鏡で自分の
スタイルをチェック☆

こたえは158ページ

45

2 自分の成長段階を知ろう！

小学生の体は、まだまだ成長の途中。成長スピードには個人差があるから、自分の成長段階がわかるグラフを活用して、発育に合わせた運動をしようね。

🌸 自分の成長段階がわかる！

Q 年間身長発育曲線って何？

A 縦軸が1年の身長増加量、横軸が年れいのグラフだよ。大きく「身長がのび始める前」「身長がのびているとき」「身長がのびたあと」の3つの段階にわかれるよ。（右ページ参照。）

〈第1段階～身長がのび始める前～〉のあなたには

≪体全体を使う運動≫ が おすすめ！

身長ののびがぐんと増える前までは、体全体を使った動きをするといいよ。くわしくは50ページを見てね。

〈第2段階～身長がのびているとき～〉のあなたには

≪ストレッチ≫ が おすすめ！

身長ののびがもっとも増えるピークの時期は、運動能力は少し落ちるので、ストレッチなどがおすすめ。くわしくは52ページを見てね。

〈第3段階～身長がのびたあと～〉のあなたには

≪筋トレ≫ が おすすめ！

身長ののびがピークをすぎて、年間1㎝未満ののびになったあたりからは、筋トレを開始してボディを引きしめてね。くわしくは54ページを見てね。

＊ 年間身長発育曲線（女子の記録例）

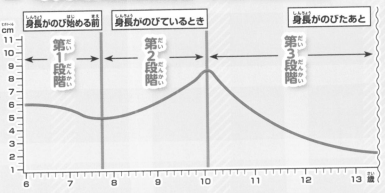

身長がのび始める前｜身長がのびているとき｜身長がのびたあと

第1段階　第2段階　第3段階

＊ 1年間の身長ののびを記録して、自分の成長段階を見てみよう！

1 1年間にのびた身長を調べて150ページのグラフに点を打ち、線でつなごう。

2 身長ののび率が下がって、ふたたび上がるところに「身長がのび始める前」の線を1本、縦に引こう。

3 9～13歳までは、2か月ごとに身長を計って、その期間にのびた数値をグラフにつけてね！

4 「身長がのび始める前」の縦線をグラフに記入したら、身長がまたのびていった頂点のところに、「身長がのびているとき」の線を1本、縦に引こう。この線から右は「身長がのびたあと」になるよ。

わからないことがあったらおうちの人に聞いてみよう！

47

③ 体型と体の発達年れい

体重と身長から、自分がどんなスタイルか、体の成長度は何歳かがわかるよ。さっそく計算してみよう！

今どんなスタイル？　　ローレル指数

計算式

体重(kg)÷(身長cm×身長cm×身長cm)×10,000,000

（小数点以下切り捨て）

【例】体重34kg、身長140cmのAさんの場合

34÷(140×140×140)×10,000,000＝123で〈標準〉だとわかるよ！

✿ 計算して表を見てみよう！

体重 ◻ kg÷(◻ cm× ◻ cm× ◻ cm)×10,000,000

＝(◻)

ローレル指数	体型
100未満	やせすぎ
100〜115未満	やせぎみ
115〜145未満	標準
145〜160未満	ぽっちゃりぎみ
160以上	ぽっちゃりすぎ

なりたいな〜

理想のスタイル

体の発達年れいは何歳？　身体密度

身体密度とは、次に紹介する計算式からもとめられる、体の発達年れいの目安だよ。

計算式　体重（kg）÷身長（cm）＝身体密度（小数点2位以下切り捨て）

【例】11歳Bさんの場合　体重26.8kg÷身長127.2cm＝身体密度0.21

★ 表を見てみよう！

Bさんの身体密度はちょうど9歳の数値と同じくらいだね。

ということは？？

上体起こしの例でいえば、11歳女子の全国平均は約18回。だけどBさんの体は9歳くらいの成長度なので、9歳女子の全国平均の回数、約16回できればOKなんだね。

成長度に合わせて目標をきめるといいんだね！

★ 6〜13歳までの身体密度表（女子平均）

6歳	0.17	10歳	0.25
7歳	0.18	11歳	0.27
8歳	0.20	12歳	0.29
9歳	0.21	13歳	0.31

④ 成長段階別 エクササイズ

年間身長発育曲線（➡ 150 ページ）に記入してみて、自分の成長段階が
わかったかな？　発達段階に合ったエクササイズを紹介するよ！

❶ 第1段階〜身長がのび始める前〜

ジャンピング・ジャック 〜全身運動〜

両手両脚を開いたり閉じたりしながら、ジャ
ンプするよ。体の中心がぶれないように気
をつけながら、リズムよくやってみよう。

START

① リラックスして
立とう

脚を腰幅くらいに広げて、
まっすぐに立つよ。

② ジャンプして手をたたこう

その場でジャンプしながら左右に両脚
を広げて地面につくよ。同時に両腕を
頭の上に上げて手を1回たたこう。

30秒ジャンプして、
1分休んでまた30秒やってみてね。
1日に2回、朝と寝る前にやるのが
目安だよ。

3 ジャンプして
1の状態に戻ろう

次のジャンプで両手両
脚をもとに戻すよ。

4 ジャンプして手をたたこう

2と同じだよ。

5 ジャンプして
1の状態に戻ろう

3と同じだよ。2〜5
をくり返して30秒間
やってみてね。

ポイント

1・2・1・2と
リズムよくジャン
プしながらやって
ね。ヒップアップ
にききめあり！

❷ 第2段階～身長がのびているとき～

[オーバーヘッド・スクワット ～全身ストレッチ～]

身長がのびているときは、関節がかたくなりやすいよ。肩まわり、胸、股関節、足首を一度に使うストレッチで関節をやわらかくしよう。タオルを1本用意してね。

START

1

タオルを持って立とう

足を肩幅くらいに広げ、両手でタオルの両はじを持ってまっすぐに立つよ。

2

両手を上に上げよう

肩とひじの角度が90度になるよう腕を上げ、そのままひじをのばすよ。両肩と両腕は、常に耳の横のライン上にあるようにしてね。

1日10回やるのが
自安だよ。

NG

上半身がななめ
前にかたむくと、
運動効果が半分
になってしまう
よ。

3

ゆっくりと腰を落とそう

手を上げたまま、ゆっくりと膝を
曲げ、2秒かけて腰を落としてい
くよ。そのとき、太ももが床と平
行になるくらいまで深く腰を落と
すよ。そこから5秒キープしてね。
ひじを曲げたり、かかとが浮かな
いように気をつけて！

4

2の状態に戻ろう

手を上げたまま、3秒かけて膝を
戻すよ。2〜4をくり返そう。

第2段階におすすめの運動

ジョギング

水泳

サイクリング

ダンス

❸ 第3段階～身長がのびたあと～

~筋トレ~

第3段階は、1年間に1cm未満ののびになったとき。この時期になると、身長ののびがピークをすぎて、17～18歳ごろまで体が大人へ向かってできあがっていくよ。心臓や肺など内臓も大きくなるので、準備運動として、持久力を使うスポーツを取り入れるといいよ。

キレイな体になる 三大原則

健康でキレイな体になるため、食事・運動・睡眠の3つに気をつけることが大切だよ。

食事

- 3食きちんと食べて食事制限ダイエットはしないようにしてね。
- 砂糖・炭水化物ばかり食べず、五大栄養素をバランスよくとろう。
- 食物繊維をたっぷりとろうね。

運動

- 運動は筋肉・骨・脳の発達に欠かせないよ。
- 体を動かすと消費エネルギーを増やすことができるよ。
- 成長段階に合った運動で、無理なくキレイを手に入れよう！

睡眠

- 睡眠時間をたっぷり確保しよう！
- 寝る時間、起きる時間は規則正しくしてね。
- 昼間は体を動かして、夜はよく眠れるようにしよう。

⑥ やわらかな体でやせやすく！

体がやわらかくなると、結果的にやせやすい体になるんだよ。その仕組みと、体の柔軟性を保つために大切な 4 つの関節について説明するよ。

Q 体がやわらかいってどういうこと？

A 関節が動く範囲が大きくなって、関節を支える筋肉や腱もやわらかくなった状態のこと。

Q 体がやわらかいと、どうしてやせやすくなるの？

A 体の柔軟性が高まると、基礎代謝量（➡ 43 ページ）が上がり、血行がよくなるからだよ。

Q 体がやわらかいと、ほかにどんないいことがあるの？

A やせ体質になるほかに、姿勢がよくなる、ケガをしにくくなる、つかれにくくなるなどいいことがたくさん！

体の柔軟性を保つために
★ ほぐしたい4つの関節

ポイントになる4つの関節を意識してやわらかくすれば、体の動きもスムーズになって、基礎代謝量がアップ！

ポイント 1

肩関節

主に腕の骨、肩甲骨、鎖骨で構成されているよ。毎日の生活でもっともよく使う関節のひとつ。

ポイント2

胸椎・胸郭

背骨の中の胸の部分にある、第1～12までの胸椎を中心に肋骨、胸骨など多くの骨で構成されるのが胸郭。心臓や肺など重要な内臓を守る役割があり、呼吸のサポートをする関節なんだ。

ポイント 4

足首

地面についている足と、体重を支える脚をじん帯によってつないでいるのが足首。つま先を上下に向ける動きをする関節で、衝撃や負担に強い仕組みになっているの。

ポイント3

股関節

骨盤と太ももをつなぐ、球体の関節。立つ、座る、しゃがむ、歩く、走るなどの動作を支えるよ。

次のページからは柔軟性をチェック！

57

☘ やってみよう！
柔軟性チェック**＆**ストレッチ

肩関節、胸椎・胸郭、股関節、足首の柔軟性をセルフチェック。
柔軟性を高めるストレッチもやってみてね！

── これできる？ ──
❶肩関節

まっすぐに立ち、片手を上から、もう片方の手を
下から背中へまわして指をつかむよ。次に、左右
を替えてやってみよう。

判定 👍👍 をめざそう！

背中で右手・左手の指（中指・人さし指）をつかむことができる。	👍👍
背中で右手・左手の指がふれるくらいにつく。	👍
右手・左手の指がつかない。	

左右の差が
ないことも
大事よ！

肩関節ストレッチ
〈タオル・ラットプル〉

少し長めのタオルを使って、肩関節の動きをよくするストレッチだよ。肩甲骨を引き寄せるようにしてやってみてね。

1 タオルの両はじを持ち、両腕をのばそう

うつ伏せになっておでこを床につけ、タオルの両はじを持って肩とひじの角度が90度になるよう腕を上げ、そのままひじをのばすよ。

2 タオルを背中へ持っていく

タオルを左右にひっぱりながら、ゆっくりひじを引くイメージで、背中のほうへ持っていくよ。肩甲骨の動きを意識しよう。

3 さらにひじを引いてキープ

肩甲骨をもっと引き寄せ、タオルを肩の後ろでキープ。無理をせずひじを曲げられるところまででOKだよ。

首を持ち上げると、痛めてしまう可能性があるから気をつけてね！

1日に、8回→休けい→8回の合計16回やるのが目安だよ。

レッスン2 ボディエクササイズを習慣に

59

これできる？
❷胸椎・胸郭

両脚をそろえて立ち、膝を曲げずに前屈するよ。床に指先や手のひらがつくかどうかで胸椎・胸郭の柔軟性がわかるよ。

Check!!

膝は曲げずにまっすぐのままにしてね。

判定 👍👍 をめざそう！

床に手のひらがすべてつく。	👍👍
床に指先がつく。	👍
床に指先がつかない。	

前屈するときに反動はつけないでね！

胸椎・胸郭ストレッチ
〈あお向け背中ストレッチ〉

背中（胸椎）をのばしながら手脚を動かすことで、胸が開いて柔軟性が高まるよ。深呼吸をしながら動かすとより効果的だよ。

1 あお向けになり両手と曲げた両脚を上げよう

肩甲骨のあたりに丸めたタオルを当て、あお向けになって、膝を 90 度に曲げるよ。両手脚をゆっくりと持ち上げよう。

2 片手を頭の上に倒し
反対側の脚をのばしておろそう

右手を後ろへ倒し、対角線上の左脚はまっすぐにのばすよ。片手片脚は地面につけてね。

ポイント

レベルアップをするときは、のばした手脚を浮かせてみよう。腰を痛めないよう、しっかり腰を床につけてね。

3 反対側も同じ動作をしよう

両手脚を 1 の状態に戻し、次は左手を後ろへ倒し、対角線上の右脚はまっすぐにのばすよ。これで左右 1 セットだよ。

丸めたタオルを肩甲骨に当てて胸を持ち上げるのがポイント！

1 日に、
左右 1 セット× 8 回やる
のが目安だよ。

＊レッスン 2　ボディエクササイズを習慣に

6 やわらかな体でやせやすく！

これできる？
③股関節

カベにお尻、背中、頭をつけて、背すじをのばして座り、脚を開く。右足のかかとから左足のかかとまで、何cm開いているか、おうちの人に計ってもらい、身長を使って計算をしてみよう。

Check!!
お尻、背中、頭をカベにつけよう。

開脚計算式

たとえば……
身長150cmで足が148cm開いていたら

148÷150＝0.99
（小数点2位以下四捨五入）

判定 👍👍 をめざそう！

1.0 以上 （身長以上に開く。）	👍👍
0.8 ～ 0.99 （身長の8割くらい開く。）	👍
0.79 以下 （身長の8割以下しか開かない。）	

背すじをのばして座ろう！

62

股関節ストレッチ 〈シンボックス〉

股関節まわりの動きを、なめらかにするために効果的なストレッチだよ。上半身をしっかりと正面に向けて取りくむとおなかまわりのトレーニングにもなるよ。

1 膝を立てて座ろう

床に膝を立てて座り、両手を後ろにつくよ。両脚は肩幅くらいに広げよう。

2 膝を右に倒そう

上半身はそのままにして、立てた両膝を右側に倒して床につけるよ。

3 膝を左に倒そう

膝を1の状態に戻して、次に左側へ倒して床につけるよ。

1日に、
1分間→休けい→1分間
やるのが目安だよ。

上半身が常に正面を向くように、鏡の前でチェック！ 簡単にできる人は両手を胸の前でクロスして試してみてね♥

⑥ やわらかな体でやせやすく！

これできる？
④足首

足と足の間をこぶしひとつ分開けて立ち、両手は後ろで合わせるよ。かかとを床につけたまま、腰を落としてしゃがむよ。

お尻は床に
つけないように
してね。
Check!!

Check!!
膝とつま先は
前に向けてね。

足と足の間を
こぶしひとつ分
開けるよ。

Check!!

Check!!
かかとは床に
つけたままだよ。

判定 👍👍👍 **をめざそう！**

手を後ろに組んでしゃがめる。	👍👍👍
手を横におろしたままなら、しゃがめる。	👍👍
手を前にのばせば、しゃがめる。	👍
支えがないとしゃがめない。	

しゃがむときは、膝やつま先が内側に入らないように、まっすぐ正面を向いてね！

足首ストレッチ〈足首まわし〉

足の指の間に手の指を入れて、足首をまわすよ。足首がかたくなると、転びやすくなったり、体のいろいろなところがかたくなってしまうから、足首の柔軟性はとても大切!

1 右足首をまわす

あぐらをかいて座り、右足を左脚の太ももの上に置くよ。右足の指の間に左手の指を1本1本入れてつかみ、ゆっくりとまわそう。内まわりと、外まわり20回ずつやってみてね。

2 左足首をまわす

足を変えて、1と同じようにまわすよ。指がしっかり開けるようになると、足首もやわらかくなってくるよ。

1日に、内まわり20回＋外まわり20回の1セット×左右やるのが目安だよ。

足がつかれにくくなるよ!

正しいくつの選び方

1日のうちの多くの時間は、くつをはいて過ごしているよね？　歩く、立つ、走るなどの活動するために最適なくつ選びについて説明するよ。

サイズの合わないくつをはいていると……

足は体のバランスを支えるためにとても大切。くつがきつくてもゆるくても、いろいろなところに不必要な力が入って体の重心がくずれてしまうよ。サイズが合わないくつをはいていると、足がむくんだり転びやすくなったり、いろいろなトラブルが起きてしまうよ。

O脚
両脚をそろえても、膝が外側に曲がってしまい、くっつかない状態をいうよ。

つち指

指先の関節が曲がったままになってしまうよ。

外反母し
親指がつけ根から人さし指のほうに曲がってしまうよ。

X脚

脚がゆがんで、膝が内向きにくっついてしまう状態だよ。

タコ・マメ・ウオノメ

くり返し刺激され、皮ふがかたくなってしまうよ。

くつずれ

何度もこすれて、皮ふがやぶけてしまう状態をいうよ。

ねんざ
関節をひねって、痛めてしまうケガのことだよ。

正しいくつ選びの5つのポイント

まずは自分の足の大きさに、合っていることがいちばん。足がしっかり固定できるくつを選ぼうね。ひもやベルトがなく足の甲がホールドされていないサンダルや、つま先に圧力がかかるハイヒールなどは、歩くのに向いていないよ。

ポイント1

つま先は1cmの余裕がある。かかとを合わせてくつの上から指で押して確認を。

1cm

指が動くことが大事!

ポイント2

足の甲がひもやテープなどで固定でき、調節することもできる。

ポイント3

かかとはすっぽり包みこむ形。

ポイント4

くつの底はやわらかく、安定している。

ポイント5

足の指のつけ根部分がやわらかく、曲がりやすい。

正しい歩き方

正しいくつ選びと同じように、正しい歩き方も大切だよ。歩くときは、足の指で地面をしっかりふみきるようにして、もう片方の足はかかとから地面につけて、指先に向かって重心を移動させるよ。

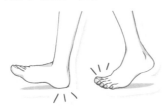

新しいくつを買うときのポイント

成長期の足のサイズは変わりやすいから、半年に一度は確認しようね。つま先をくつの先によせてはき、かかと部分に指1本が入るくらいがぴったりサイズだよ。インソールを出して、足に合わせて、ぴったりのサイズかどうか見る方法もあるよ。必ずためしばきをしてみよう!

67

7 動いて消費カロリーアップ!!

1日に摂取したカロリーをなるべく多く消費するように動こう！
運動、家のお手伝い、遊びなど積極的に動いて消費カロリーアップ！

1日に必要なエネルギーはどれくらい？

成長期は、大人になるための体づくりの時期。しっかり栄養をとることは大切だよ。
年れい、性別、体の大きさや、活動量のちがいによって、1日に食べ物からとって
いいエネルギーの総量は変わるから下の表を参考にしてね。

★ 女の子の成長期に必要な エネルギー量 (kcal／1日) 参考値

体を動かす量	少ない	ふつう	多い
6～7歳	1250	1450	1650
8～9歳	1500	1700	1900
10～11歳	1850	2100	2350
12～14歳	2150	2400	2700

※厚生労働省「日本人の食事摂取基準 2020」より

11歳で体を動かす量が多い女の子は、1日に必要なエネルギーが2350kcal なんだね！

※ふだんあまり体を動かさないなと思ったら「体を動かす量」は「少ない」を、クラブや習い事、お手伝いなどで活発に動く人は「多い」を選んでね。

カロリーをとりすぎたら運動をして消費しよう！

1日に必要なエネルギーの70％は生きるために使う基礎代謝量（➡ 43 ページ）で消費するよ。残り約 30％の活動代謝量を上げるのがポイント。「食べすぎた！」と思ったら、運動やお手伝いなどで積極的に動いて余分なカロリーをなかったことにしよう！　下の表を参考にしてね。

★ カロリー消費量（kcal）早見表

生活活動系（30分）		運動系（30分）	
皿洗い	31	ストレッチング	39
料理や食材の準備（立って）	34	ラジオ体操第1	68
動物の世話	39	卓球	68
歩く	51	バドミントン	94
掃除機をかける	56	ジョギング	119
風呂掃除	60	水泳（速い〈69m/分〉クロール）	170

※厚生労働省「健康づくりのための身体活動基準 2013」をもとに、10歳女子平均体重を約34kg と考えたときの目安です。（小数点以下四捨五入）

お役立ち！便利グッズ 消費カロリーもわかる 活動量計

日常のさまざまな動きを、消費カロリーなどの数字で表してくれるよ。減らしたい体重を設定し、1日の目標活動カロリーを確認しよう。目標達成度を確認できる機能がついたものなどさまざまなタイプがあるよ。

プチ・ブレイクタイム　えさがし
ちょこっと運動で楽しくお手伝い♪

こたえは158ページ

運動能力を高める 基本動作24

成長期には、遊んだり生活しながら運動能力を高める「基本動作」といわれる動きを身につけると、将来スポーツも得意になるよ。下のチェックシートを使って、やった基本動作の□に✓を入れよう。

✿ 基本動作1〜24チェックシート☑

24の基本動作は、■移動系・★操作系・♥バランス系の3つにわけられるよ。

1 □ 走る	**2** □ はう	**3** □ 泳ぐ／もぐる	**4** □ 追いかける	**5** □ 逃げる
6 □ のぼる	**7** □ おりる	**8** □ とぶ（垂直）	**9** □ とぶ（水平）	**10** □ とびおりる／着地する
11 □ かわす	**12** □ くぐる	**13** □ 投げる	**14** □ とる	**15** □ 掘る
16 □ 押す	**17** □ 引く	**18** □ ける／パントキック*	**19** □ 手で打つ／棒状のもので打つ／ラケットで打つ	**20** □ わたる
21 □ ぶら下がる	**22** □ 浮く（水泳）	**23** □ 乗る（自転車など）	**24** □ 回転する	*パントキックとは、サッカーやラグビーなどで、ボールを手から落として、地面につく前にけることです。

次のページからは、遊びの例を紹介するよ！ ⟶

✿ 基本動作を使った遊び～移動系～

立ち幅とび

基本動作
⑩とびおりる／着地する

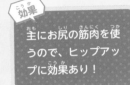

効果

主にお尻の筋肉を使うので、ヒップアップに効果あり！

かための地面に線を引いて立ち、膝と腰を曲げながら手をふり反動をつけるよ。

反動をつけながら勢いよく前に向かってジャンプをしよう。

着地は、両足の裏がしっかり地面につくように。また、着地場所は砂場などやわらかい場所だと安全だね。

ワンポイントアドバイス

とぶと同時に、腕を後ろから前にタイミングよくふると、遠くにとぶことができるよ！　何㎝とぶことができたか、計ってみてね。

女子の目標値 ※身体密度は49ページを見てね。

身体密度が9歳	**154㎝**
身体密度が10歳	**157㎝**
身体密度が11歳	**167㎝**
身体密度が12歳	**177㎝**
身体密度が13歳	**181㎝**

● 移動系の動きには、ほかに①走る ②はう ③泳ぐ／もぐる ④追いかける ⑤逃げる ⑥のぼる ⑦おりる ⑧とぶ（垂直）⑨とぶ（水平）⑪かわす ⑫くぐる、があるよ！

73

★ 基本動作を使った遊び～操作系～

[打つ] 基本動作
⑲手で打つ／棒状のもので打つ／ラケットで打つ

手で打つ

ボールを手のひらや、こぶしで打ったり、地面にバウンドさせたりしよう！バレーボールやバスケットボールのように手のひらを使う動作だよ。突き指に気をつけて、やわらかいボールを使ってね。

効果

ボールを打つ、道具をふる動作は股関節と胸椎にひねりを加えるので、おなかまわりが引きしめられるよ！

棒状のもので打つ

ボールを打つときは右左、正面で打つほか、止まっているボール、動くボールを打つなどバリエーションはいろいろ。打つボールも、大小さまざまなものを使ってみよう！

ラケットで打つ

体育館など所定の場所でテニスやバドミントンを楽しもう！公園などでおもちゃのラケットを使っても楽しいね。

ワンポイントアドバイス

「打つ」動作はいろいろあるね。どの方法でも、どのような形状のボールでも打てるようになろう！

注意！

公園で遊ぶときは、ボールやバットの使用が禁止されていないか確認し、周囲の安全には十分注意しようね。ボールはやわらかいものを使おう。

●操作系の動きには、ほかに⑬投げる ⑭とる ⑮掘る ⑯押す ⑰引く ⑱ける／パントキック、があるよ！

🌸 基本動作を使った遊び〜バランス系〜

[うんてい] 基本動作 ㉑ぶら下がる

正面に1段ずつ進む方法のほか、慣れてきたら1段とばし、後ろ向き、横向きなどの難しい方法でチャレンジしてみよう。後ろに進むときは人にぶつからないよう、十分に注意してね。腕がつかれてきたら一度おりて、1〜2分休もう。

効果

バランス感覚が身につき、腕をしっかりのばすことで上半身の姿勢をととのえ、肩の柔軟性も高まるよ。

ワンポイントアドバイス

うんていの下に石などのキケンなものがないかどうか、確認してから始めよう。

🌸 公園や学校にあるいろいろなうんてい

半円型　　　上昇式

● バランス系の動きには、ほかに⑳わたる ㉒浮く（水泳） ㉓乗る（自転車など） ㉔回転する、があるよ！

75

左と右の絵では、ちがうところが7つあるよ。
全部見つけられるかな？

こたえは158ページ

寝る前のストレッチ

スタイルアップのためには、寝る前の時間をどう過ごすかが大切！
ゆっくりとした動きでリラックス効果があり、
柔軟性が高まるストレッチをやってみよう。

左右20秒ずつ
1日に2セット、
朝と寝る前に
やるのが目安

お尻をのばして股関節をやわらかく
〈お尻4の字ストレッチ〉

 片膝をかかえて座ろう

体育座りの姿勢から左膝を曲げ
て、右太ももにのせるよ。次に、
両手で右膝をかかえよう。

横

正面

② 寝転がろう

そのままゆっくりと倒れて、あお向けに寝
転がろう。かかえた膝を手で引きつけるよ
うにして、お尻の筋肉をのばすよ。脚を組
みかえて、反対側も同じようにのばそう。

ワンポイントアドバイス

お尻の筋肉は、生活するうえでもっともよく使う部分のひとつ。ここがか
たくなると、腰に負担がかかって、姿勢が悪くなってしまいやすいので要注
意！　気持ちよく感じるところまでしっかりのばそう。

気持ちよくおなかのばし
〈おなかのストレッチ〉

1日に8回、
1セットが
目安

① うつ伏せから
上半身を起こそう

うつ伏せの姿勢から、脇をしめて両
手を床につけて上半身を起こすよ。

② 背中を反らせよう

そのままゆっくり背中を反らせなが
ら、顔を上に向けて天井を見上げよ
う。おなかだけではなく、胸や首も
のびている感じがしたら OK だよ。
ゆっくり1の姿勢に戻ってね。

ワンポイントアドバイス

反りすぎて腰を痛めないように、無理のない範囲でやろうね。背中のトレー
ニングにもなるので、立ち姿もキレイになるよ！

キレイをみがく！ 昼間と寝る前までの過ごし方

● 昼間はたっぷり運動しよう。
● 夕食は、寝る3時間前にはすませておくとよいよ。
● 寝る90分前にお風呂に入るとリラックス効果が
　高いと言われているよ。
● お気に入りの音楽を聞いたり、ベッドのまわりに
　お気に入りの空間を作ってリラックスタイムを過ごそう！

*レッスン2 ボディエクササイズを習慣に

おさらい！ ボディエクササイズを習慣に

ここで紹介していることができているか、□に✓を入れて確かめてみよう！

□ 自分がどれくらいの体型なのか
　わかったかな？

□ 自分の活動量を知ることができたかな？

□ お手伝いなどで
　ちょこっと運動ができたかな？

□ 基本動作を使って
　公園などで友だちと遊べたかな？

> 毎日コツコツ
> 続けることが
> 大切よ♥

□ 自分の成長段階に合わせたエクササイズを
　1週間続けて、できたかな？

□ 体をやわらかくするストレッチで
　前より体がやわらかくなったかな？

自分で自分をプロデュース♥ ビューティーテクを伝授！

あこがれのモデル＆アイドルみたいになるための、
ファッションコーデやポージングを紹介するよ。
自分をかわいく見せるテクニックをみがいて、
もっともっと輝いちゃお♥

簡単・かわいい！
小顔に見える
ヘアスタイル

あなたは
何タイプ？
骨格診断

プチメイクで
かわいい
パッチリ目になろう♥

美月ちゃん
とっても
いい表情してる

健康的で
イキイキしていて

ますます
かわいくなったわね

ほっ
ほんと!?

ええとっても!

それから……

83

その服も
かわいいんだけど

自分に似合う
服の形や色を知ると

もっともっと
おしゃれも楽しくなって
ステキになれるよ

まずは

自分を知ることが
とても大切

女の子にとって
おしゃれは

自分を元気にしてくれる
ものだから

85

コンプレックス カバーファッション

背が低い、高いなど、体型は人それぞれ。
自分の個性をいかすファッションで、もっとかわいくなろう♥

おなやみ① 脚が太め

上半身や顔はそうでもないのに、脚だけが太くて気になっちゃう……。

脚の太さをカバーするためには、下半身に着るボトムスの、形やデザインに気をつかおうね！

スカート style

足首見せで、やせ見えしちゃおう！

パンツ style

Check!!

スカートは脚のいちばん太いところをかくす丈選びがきめ手。足首の細いところが見えるよう、膝下丈のフレアスカートを。

Check!!

ぴったりしたパンツは脚の太さが強調されてしまうのでNG。裾に向かって細くなるテーパードパンツでスッキリとした印象に。太もものハリはポケットでカバーして。

おなやみ② 顔が大きい

写真を撮るとき、わたしだけ顔が大きい気がする……。小顔に見えるテク、ないかな〜？

小顔に見せるには、首まわりのスッキリ感に気をくばるといいよ。

首まわりデザイン

Vネックでスッキリ見えをねらってね♥

Check!! Sweet

Vネックやスクエアネックなど、首を縦長に細く見せるデザインのトップスを選ぶと、小顔効果があるよ。

小顔カラー

ホワイト系のトップス。

デニムスカートで引きしめ。

Check!!

暗い色のトップスにすると、上半身は引きしまるけど、顔は対比で大きく見えちゃうよ。白やベージュなどの淡い色を選んでメリハリをつけて。

小顔テク上級者には "アクセ使い" をおすすめ♡

少し大きめのイヤリングで小顔効果をプラス！

インパクトのあるメガネや帽子も顔を小さく見せてくれるアイテムだよ。

おなやみ③　ぽっちゃりしている

全体的にお肉が多め……。細見えの極意を教えて！

ぽっちゃりさんのかわいさをいかしつつ、引きしめ感を出すコツがあるよ！

3首見せ

裾広がりのそでは手首を細く見せてくれるの♥

縦ラインの強調

トップスとボトムスの色味をそろえるとさらにスッキリ見える！

Check!!

首、手首、足首の「3首」を、見せることを心がけてみて。見えているところが細いと、体全体が細い印象になるよ。

Check!!

縦長のラインを作ろう。縦ストライプは縦ラインを強調してくれるよ。フリルのついたトップスは体を大きく見せちゃうからさけてね。

89

おなやみ④ やせすぎている

お肉が少なくて、全体的にぺったんこ……。女の子らしくふんわりやわらかく見えるファッションテクが知りたい！

ピッタリシルエットをさけて、やわらかい印象を持たれるようなアイテム選びを心がけよう。

スカート style

腕などを適度にかくせるトップスを。

Check!!

シフォンスカートは、下半身にふんわりシルエットを作ってくれるよ。いろいろな柄に挑戦してみて！

パンツ style

ブカブカすぎると逆にやせ体型が目立ってしまうから、ちょうどいいサイズを見つけてね。

Check!!

ワイドなパンツを自然に着こなすと、脚の細さを感じさせないよ。パフスリーブや、やわらか素材のトップスで胸や腕をふんわり包んで♥

やせ型さんならではの色と素材って？

体を引きしめるダーク系の色より、ピンクや白など、明るくふんわりした色が女の子らしさを演出してくれるよ。

体に張り付くうすい素材より、少しハリがあって体のシルエットをふわっと包みこんでくれる素材をチョイスしてね。

おなやみ⑤ 背が低い

背が低くて、手脚も短い……。なんとかスラッと見せたいよ〜!

トップスとボトムスのバランスに注意して! どこにポイントを持ってくるかで見え方が変わるよ。

スカート style

ボートネック&ボーダーで、背が低いのが目立たなくなるよ。

Check!!

トップスはボトムスにイン。ウエストマークの位置をできるだけ上にして脚長効果をねらおう。ミニスカートは、低身長さんがバランスよく着こなせるアイテム★

パンツ style

Check!!

セットアップを着ることで、縦のラインを強調できるの。ヘアアクセや帽子などで上にポイントを持ってくるのも◎。

子どもっぽく見られないように色に一工夫!

かわいい系のピンクやうすいパープルなどではなく、黒やネイビーなどの濃いめの色を取り入れるだけで大人っぽさが増すの。

ビッグサイズを着るならトップスとボトムスのどちらかだけに。小さくまとめる部分があるとバランスよく、スラッとして見えるよ。

おなやみ⑥ 背が高い

背が高いから、カッコいい雰囲気になりがち……。背の高さをいかしつつ、かわいい印象にもしたいな〜。

モデル見えする素質がある背高さん。下半身に目線がいくスタイルで、背の高さを自立たなくさせるとかわいい印象になるよ♥

スカート style

トップスは無地にするとバランスよくきまる♥

Check!!

膝下丈のフレアスカートをエレガントに着こなして。大きくて大胆な柄のスカートを着ると、柄に目が行って、背の高さが目立たなくなるよ♥

パンツ style

トップスをインしてウエストを見せると、コンパクト♥

Check!!

脚長を強調するためにウエストはジャスト〜ハイが◎。ほどよいシルエットで、脚を包んでくれるストレートパンツかワイドパンツがおすすめだよ。

めざせ！ ステキな表情で キラキラガール★

人と話すときや写真を撮るときに、キラキラした笑顔やモデルのような表情が作れたらいいよね！　ステキな表情を作るポイントやトレーニング方法を紹介するよ♪

☆ キラキラハッピーな笑顔の作り方

ポイント
- 口だけではなく、目もにっこり笑っているかチェックする。
- 楽しいことを考えると自然な笑顔になるよ。

練習するときは鏡を見てやってね。

笑顔トレーニング

できるだけくちびるがわりばしにつかないように！

わりばしは割らずに2本まとめて横向きに口にくわえて、上の歯と下の歯でしっかりと固定し、30秒キープ！

口を大きく横に広げよう★

くちびるのはしをキュッと上に持ち上げてね。目元もにっこりさせて、10秒キープ。

☆ モデルみたいな表情の作り方

ポイント
- 好きなモデルの表情を真似する。
- 自分の顔がいちばんかわいく見える角度を覚える！

好きなモデルやアイドルの雑誌やSNSをチェックして、「ステキだな」と思った表情を真似しよう。鏡に向かって、モデルやアイドルになりきって表情を作ってみてね。笑顔だけでなく、いろいろな表情を作れるようになると、写真写りもよくなるよ！

舌出し

クール

プク顔

チュー

2 ♥ シルエットを意識して もっとおしゃれに！

服を着たときの輪郭を「シルエット」というよ。
シルエットを理解すると、気になる体型をカバーしたり、
理想のスタイルに近づけたりするよ。

基本の3つのシルエット

ぜひ取り入れたい基本シルエットは、Aライン、Iライン、Xラインの3つ。どんなシルエットが好き？　気になる体型をカバーできるのはどれかな？

ガーリーな
コーデにおすすめ♥
Aライン

アルファベットのAの文字を意識したラインだよ。上半身はスッキリ、下半身は裾が広がって、かわいらしいイメージになるよ。

**Aラインが気になる子は、
96ページへ！**

Check!!

気になる
腰まわりを
スッキリ見せて
くれるよ！

カジュアルな
コーデにおすすめ♥
I ライン

アルファベットのIの文字を意識したラインだよ。スッキリと縦長に見えるので、スリム見え効果は、ばつぐん。

Iラインが気になる子は、97ページへ！

Check!!

スッキリした
ラインで細く
見せてくれるから、
低身長さんに
おすすめ！

クラシカルな
コーデにおすすめ♥
X ライン

アルファベットのXの文字を意識したラインだよ。ウエストをベルトなどでマークして、メリハリをつけることで、大人っぽくてきちんと感のあるイメージになるよ。

Xラインが気になる子は、98ページへ！

Check!!

女の子の体型を
フェミニンに、
美しく見せる
ことができるよ！

✿ 断然かわいくきまる！ Ａラインコーデ

女の子らしさを出したいときは、Ａ ラインコーデが最強！

こんなアイテムが
GOOD！

スリットニット

スリットにかわいらしいリボンのついたニット。シフォンスカートと合わせればガーリーなＡ ラインコーデの完成！

ダッフルコート

裾が広がったＡ ラインのアウターは１枚でコーデがきまるよ。かわいらしいコートを主役にして。

上半身はコンパクトにまとめよう。

Check!!

ふんわりしたフレアスカートがあれば、簡単にＡ ラインができるよ。

Check!!

CANDY

Ａ ラインコーデは、ボーダーのようなボーイッシュなアイテムでもキュートにきまる！

✿ 着やせ効果ピカイチ！ **Ｉラインコーデ**

Ｉラインコーデはスラリとしたシルエット。脚長効果もあるよ。

こんなアイテムが GOOD！

ワンピース

ストンとしたシンプルなワンピースは、1枚でもカッコよくきまるね。

ロングカーデ

1枚はおるだけで、体の中心に縦長ラインが完成！ネイビーやカーキなどの暗めの色だと引きしめ効果がさらにアップ！

フリルなどをプラスすると、スタイリッシュな中にも、ほどよい甘さが加わるよ。

Check!!

ロングカーデなどのアイテムを使うと、縦の線が強調されて、すっきりまとまる♥

Check!!

トップスもボトムスもほっそりしたものを選ぼう。

🌸 クラシカルなミリョク全開！ X ラインコーデ

ウエストをしぼったシルエットで、大人っぽい、きちんとコーデを楽しんでね。

こんなアイテムが GOOD！

えりつきニット

えりつきのニットは1枚できちんと感を演出できるよ。インしやすいうす手のものがおすすめ。

スカート

台形ミニや、フレアのミニスカートがおすすめ。ウエストをしぼってメリハリのあるシルエットを作ってね！

トップスはウエストにインにしてね。

Check!!

上下で色をはっきりわけると、ウエストがほっそり見える効果あり！

Check!!

ワンピースやコートのウエストを太めのベルトでマークすると X ラインが完成！ 大人っぽくまとまるよ。

もっとおしゃれに♥

かわいいバッグの持ち方

バッグの持ち方で印象が変わるって、知ってた？ その日の気分やコーデに
合わせて持ち方を変えて、もーっとおしゃれな女の子になっちゃおう★

トートバッグを両手持ちで！

肩からさげて持つことが多いトートバッグ。両手で持つと、ガーリーでかわいい印象に♥

ショルダーバッグ肩かけスタイル

ショルダーバッグは、ストラップを片方の肩にまっすぐかけて持つと、大人っぽさアップ！ ストラップの細いバッグだと、きゃしゃに見えるよ。

ストラップを片手持ち

ショルダーバッグのストラップを片手で持つのがおしゃれ上級者！ こなれ感が出て、ぐっとカッコいい雰囲気に。いろいろなスタイルに合うね。

リュックを片方の肩に！

リュックのショルダーストラップを両肩にかけずに片方の肩だけにかけるスタイル。ゆるっとラフな感じに。

ウエストバッグななめがけ★

ウエストバッグは、ななめがけにするのがおしゃれ♡ バッグが前にくるようにすると、ぱっと目をひくから、コーデのポイントにも。

クラッチバッグを上から持つ

持ち手のないクラッチバッグは、上から持つのがポイント。指をそろえて持つと、女の子らしさがぐっとアップ！

自分に似合う色を知ろう！

「かわいい」と思った色の服でも、着てみると「なんだか似合わないな」ということはない？　自分にぴったりの色を見つけてもっとステキになっちゃおう♥

似合う色の見つけ方

似合う色かどうかチェックするときは昼間の太陽の光が入る部屋だとわかりやすいよ。

Check!!

確かめたい色の服や布を首元に当てて、鏡を見てチェックしよう。

Check!!

顔のそばに持ってくる。

似合う色だと、顔色が明るく、スッキリして見えるよ。

人によって、肌や髪の色がちがうよね。似合う色も人それぞれだよ。

Check!!

おうちの人や友だちの意見を参考にしてみよう。

Check!!

★ 色黒さんにはこんな色がおすすめ！

健康的な小麦色の肌の子には、はっきりした色が似合うよ。

あざやかな色や、
明るく濃い色がねらいめ。

黒や白のモノトーンも
カッコよくきまる。

淡いパステルカラーの
トップスを着るときは黒
のボトムスや小物で引き
しめると GOOD ！

❀ 色白さんにはこんな色がおすすめ！

色白の肌の子には、明るいさわやかな色が似合うよ。

パステルカラーなど、
透明感のある色が似合う♥

白やベージュの大人っぽい
コーデも上品にまとまるね。

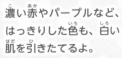

濃い赤やパープルなど、
はっきりした色も、白い
肌を引きたてるよ。

✿ 色黒さんも色白さんも！ 色に迷ったら、3色コーデで失敗なし！

全身に使う色の数を減らすと、簡単にバランスがとれて、おしゃれにきまるよ。3色コーデのテクを覚えておこう！

ステップ1 メインの色をきめる

コーデのうち、いちばん広い面積になる色をきめよう。黒・白・ベージュなどのベーシックな色を選ぶといいよ。まずは、全身その色でコーデするとどんなイメージか考えてみよう。

この白いロゴTでコーデを考えてみよう！

全身白系だとこんな、イメージ。

ステップ2 サブの色をきめる

メインの色に加えて、もう1色遊ぶ色をきめよう。トップス、ボトムスなど1か所だけ、その色に変えてみよう。

パープルのスカートにチャレンジ！ ほかはメインの色でまとめれば個性的な色にも挑戦しやすいね！

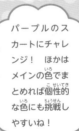

ステップ3 アクセントになる色をきめる

バッグやくつ、くつ下など、小さな面積のアイテムの色を変えよう。

バッグとイヤリングをスカートのパープルと反対色のイエローに！

4 骨格診断で似合う服＆アイテムがわかる！

自分の骨格の特徴から、似合う服のデザインがわかるよ。
質問を読んで、赤か青の当てはまる答えのほうに進んでね。

START！

手足の
大きさは？

特に
大きくない

お尻の形は？

身長のわりに
大きめ

どちらかと
いうと
目立たない

体つきは？

鎖骨は？

どちらかと
いうと
目立つ

脚のくるぶしの
骨の様子は？

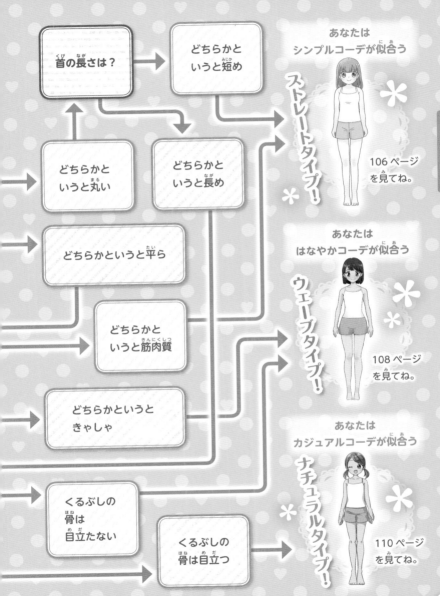

首の長さは？

どちらかというと短め

どちらかというと丸い

どちらかというと長め

どちらかというと平ら

どちらかというと筋肉質

どちらかというときゃしゃ

くるぶしの骨は目立たない

くるぶしの骨は目立つ

あなたはシンプルコーデが似合う

ストレートタイプ！

106ページを見てね。

あなたははなやかコーデが似合う

ウェーブタイプ！

108ページを見てね。

あなたはカジュアルコーデが似合う

ナチュラルタイプ！

110ページを見てね。

★ 骨格診断 ストレートタイプ

筋肉質で、上半身にボリュームがあるタイプの女の子は、シンプルなコーディネートがおすすめ。

> メリハリのある体型だから
> スッキリとした服が似合うよ!

首は短め

上半身に厚みがある

肌にハリがある

お尻の位置が高い

筋肉がつきやすい

おすすめトップス

Vネックのカットソー・シャツ

おすすめボトムス

タイトなスカート・ストレートパンツ

おすすめ小物

大きめバッグ・ハイゲージニット帽

おすすめの柄

太いボーダー

大きいドット

大きい花柄

ストライプ

Check!!

トップスは
ハリのある生地を
選ぶと体の線を
拾わず、スッキリ
見えるよ。

ワンピスタイルに
チェンジ！

Check!!

タイトなスカー
トやストレート
パンツで、膝下
の細さを強調し
ちゃおう！

ベルトなどでウエス
トマークすると、さら
にスタイルアップ♥

🌸 骨格診断 ウェーブタイプ

体はうすく、上半身がきゃしゃな女の子は、フリルやリボンのついた服など、はなやかなコーディネートがおすすめ。

首は長め

上半身がきゃしゃ

肌はやわらかい

お尻は出ていない

膝下に肉がつきやすい

> やわらかい曲線をえがく体型だからかわいい服が似合うよ！

おすすめトップス

フリルブラウス・レースカーディガン

おすすめボトムス

フレアスカート・スキニーパンツ

おすすめ小物

小さめバッグ・小さめアクセ

おすすめの柄

 レオパード

 ゼブラ

 小花柄

 小さなドット

Check!!

X ラインで脚長
効果をねらって♥
ウエストマークし
たり、タックインし
て着こなしてね!

上半身にボリュームを持って
こよう。帽子などもいいね!

Check!!

アクセサリーは、
小さめで
キラキラした
ものが似合うよ。

**ボトムスをパンツに
チェンジ!**

Check!!

ふんわりゆれる
素材のスカート
を選ぼう。

甘すぎにしたくないと
きは、うすくソフトな
素材で足首が見える丈
のパンツがおすすめ♥

🌸 骨格診断 ナチュラルタイプ

関節がしっかりしていて、スタイリッシュなボディの女の子は、ラフなファッションをカッコよく着こなせるよ。

筋肉も
脂肪も
目立たない

鎖骨が目立つ

骨太で
しっかりした
体つき

手足が
大きめ

膝や
くるぶしの
骨が目立つ

> 骨がしっかり
> している体型だから
> カジュアルな服が
> 似合うよ！

おすすめトップス

ロングカーデ・スウェット

おすすめボトムス

ロングスカート・ワイドパンツ

おすすめ小物

トートバッグ・大きめアクセ

おすすめの柄

 ストライプ  ボタニカル

 ペイズリー 迷彩

Check!!

ウエスト部分は
ゆったり
させるのが
ポイントだよ♥

Check!!

大きめの
トートバッグが
かわいいね。

Check!!

ボリューム感の
あるゆったり
シルエットが
似合うよ。

くつは、
ショートブーツ
やハイカットス
ニーカーが◎。

Check!!

ANGEL

**パンツコーデに
チェンジ!**

下半身にボリューム
を持ってくるとバラ
ンス GOOD。

写真の撮り方&撮られ方

いちばんステキな自分で写真に写りたい！　でも実際撮ってみると、
残念な写りでガッカリ……。なんてことない？
ポイントをおさえておくと、キレイに写れるよ♡

📱 スマートフォンで自撮りするときのポイント

顔の角度

カメラに写るとき、自分の顔で、いちばんステキに見える角度をさがしておこう。ひとつだけでなく、キュートに見える角度、大人っぽく見える角度など、いくつかのイメージをつかんでおくと、自撮りのパターンが広がるよ。

真正面は
落ち着いたイメージ。

上から見下ろすのは
お姉さんぽいよ。

下から見上げると
キュートに！

背景

自撮りの背景がごちゃごちゃしていると、せっかくのステキな表情が台無し。白いカベや、空、緑などのスッキリした背景を選ぶようにしよう。

光の位置

照明や日差しが明るすぎると、顔にかげができちゃう。でも光が真後ろにある逆光だと自分が暗くなっちゃうから、ちょうどいいポジションをさがしてね。

友だちと撮るとき、撮ってあげるときのポイント

カメラの角度

全身を写すときは、低い位置から撮るようにすると、脚長効果があるよ。顔をメインにするときも、真正面より少し上から撮ったり、思いきりアップにしたりして変化をつけるとセンスアップした写真になるよ！

低い位置から撮ると脚長効果！

キメポーズを作る

全員で同じポーズをしたり、顔の向きをそろえたりして、おそろい感を出すと楽しい写真に★

すぐにできる！ かわいく写れる表情&ポーズのコツ

やってみよう！ 鏡の前で笑顔の練習

口角の横を手でやさしくマッサージ。力をぬいた自然な笑顔を身につけて。

やってみよう！ 立ち方の練習

背すじと首はまっすぐに。

手は自然に体からはなすとGOOD！

脚をクロスすると長く見えるよ。

自分に合ったコーデを考えよう！

まちがいは **7つ**

左と右の絵では、ちがうところが7つあるよ。
全部見つけられるかな？

こたえは159ページ

お友だちと
ショッピング♡

こたえは159ページ

身だしなみチェック

せっかくスタイルアップしてステキなコーデできめていても、身だしなみが乱れているとミリョクが下がっちゃうよ。いつも清潔でパーフェクトな女の子でいるために、身だしなみをしっかりチェック！

どっちがステキ？　キラキラ女子とNG女子

✦「キラキラ女子」✦　　　「NG女子」

髪はしっかりとかしていつもサラサラ！

アイロンがきちんとかかり、しわのない服

つめはいつもきちんと切りそろえていて、清潔感ばっちり！

くつ下に穴が開いていないか、はく前にチェックしているよ！

ねぐせで髪がぴょこぴょこはねている

食事のときにこぼしたソースやしょうゆのシミが！

ボタンがとれかかっている……

服がしわだらけ

服の裾がほつれて糸が出ている

のびっぱなしのつめ

くつ下に穴が開いているけれど……、くつをはいたら見えないからいっか!?

118

身だしなみチェック表

キラキラ女子になるために、出かける前には身だしなみをしっかりチェック！ 下のチェック表で順番に確かめて、できたものは右はしの□に✓を入れてね。

チェック

▶ 髪はきちんととかして、ねぐせはついていない □

▶ 顔を洗った □

▶ 歯をみがいた □

▶ 服にしわがついていない □

▶ 服によごれやシミがついていない □

▶ 服にほつれやゃぶれがない □

▶ 服のボタンが全部そろっている □

▶ つめは短く切りそろえている □

▶ くつ下に穴が開いていない □

撮影会で、気分はファッションモデル♥

こたえは159ページ

5

簡単ヘアアレンジで
スッキリ小顔見せ！

顔のまわりをスッキリさせると、小顔に見えるよ。髪の長さ別に小顔&キュートに見える簡単ヘアアレンジを紹介するよ。

ポニーテール ロング・ミディアム

Check!!
仕上げに、トップをつまみ、毛束を少しだけ引き出すとおしゃれに♥

髪の毛を手ぐしでふんわりととかして、高い位置でひとつに結ぶ。

あごと耳をつないだ線上の位置で結ぶとスッキリして、かわいくきまる★

ハーフアップ ロング・ミディアム

Check!!
顔まわりから後れ毛を出すと目線が引きつけられ、輪郭をごまかせるよ★

髪全体をよくとかしてから手ぐしで耳の上の毛をまとめて後ろでひとつに結ぶ。

リボンやバレッタをつけると、さらにおしゃれ度アップ！

ハーフアップくるりん ロング・ミディアム

1

まず、ハーフアップにする。髪はふんわりゆるめに束ねるのがコツ。ゴムはしっかり結んでね。

2

根元を指でふたつにわけて穴を作り、毛束を上から下へくるりんと通してね。

3

穴に通した毛束をふたつにわけて、左右にひっぱり、根元をぎゅっとしめる。

4

後ろ姿も、横顔も少し大人っぽく、キレイな印象に。

Check!!

下の部分の髪が首まわりにあることで、首をスッキリと細く見せてくれるよ♥

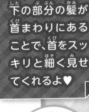

耳かけ ロング・ミディアム・ショート

サイドの髪を、耳にかけるだけ！簡単なのに小顔効果ばつぐん！

Check!!

髪を耳にかけて髪型でひし形を作ると顔がスッキリ！

前髪とサイドの髪をくるくるねじって、ピンでとめてもかわいいね。

*レッスン3　ビューティーテクを伝授！

123

プチ・ブレイクタイム まちがいさがし 美容院でヘアチェンジ！

こたえは159ページ

キレイな姿勢で
モデルみたいに美しく！

ファッションをきめていても、スタイルがよくても、姿勢が悪いとキレイに見えないよ。姿勢をととのえて美人度を上げよう！

美しい姿勢

肩甲骨を少し寄せる。

お尻の穴を引きしめる。

頭は上にひっぱられているような気持ちで。

首をすっとのばす。

両脚の太ももの内側を引き寄せよう。

腰を反らせたり、ねこ背にならないようにしよう。

あごは軽く引く。

耳と肩とくるぶしが一直線になるように立とう。

美しい座り方

背もたれによりかからない。

深く腰かけよう。

背中はぴんとまっすぐ。

膝から下はまっすぐのばして、脚は閉じる。

美しい歩き方

視線はまっすぐ前に。

1本の線の上を歩くイメージで進もう。

かわいいパッチリ目に なりたい！

あこがれのかわいいパッチリ目。アイメイクで、自分のよさをいかしつつ、さらに理想の目の形に近づけることができるよ。

アイメイクのための基本の道具

卓上スタンドミラー

顔全体がうつるものがおすすめ。スタンドタイプだと両手が使えるので便利。

ビューラー

くるりんとしたまつげを作ることができるよ。

マスカラ

まつげを長く、美しく見せるよ。最初はパンダ目にならない、透明マスカラがおすすめ。

アイシャドウ

まぶたに陰影をつけて、顔を立体的に見せるよ。

アイライナー

まぶたのキワに引いて、目を大きく見せるよ。

クレンジング

コットン

メイクを落とすときに使うよ。メイクをする前に準備しよう。

127

6 かわいいパッチリ目になりたい！

✿ かわいいパッチリ目を作ろう！アイメイクに挑戦！

パッチリ目になって、小顔に見せちゃおう♥
アイメイクをマスターして、いろいろなイメージに挑戦してみてね！

ステップ 1 ビューラー くるんとカールしたまつげを作ろう。

軽くあごを上げて、まつげの根元にビューラーを当てて、軽くはさむ。3秒くらいキープしてね。

まつげの根元から、真ん中、毛先へとビューラーを移動させつつ、3回軽くはさむ。

根元、真ん中、毛先と、3回はさんでカールを完成させる。

ステップ 2 マスカラ ビューラーでカールさせたまつげをキープしよう。

まだ余分な液がついていたら、ティッシュで落としてね！

ボトルのふちで余分な液を落としながら、ブラシを引き出す。

ブラシをまつげの真ん中の根元に当てて左右に細かくゆらしてから毛先までぬる。

下まつげは、ブラシを縦にして先の部分でなでるようにしてぬる。

ステップ 3 アイシャドウ 立体感と透明感のある目元を作ろう。

パレットの中でいちばんうすい色をチップにとって、まぶた全体にふんわりのせる。

ティッシュの上で余分な粉を落とそう。

濃いめの色をチップにとって、上まぶたのキワの目頭から目じりにかけてぬる。

まぶたのキワにぬったアイシャドウを、チップでぼかしながらアイホールになじませて、自然なグラデーションを作る。

まゆとまぶたの間に自然なかげができて、顔が立体的に。目が大きく見えるよ！

ステップ 4 アイライナー 目力をアップさせて、目を大きく見せよう。

アイラインを引くときの姿勢

ひじをテーブルにつけて、アイライナーを持つ手を顔につけて、手を固定しよう。

目頭側は引かないよ。

まつげとまつげのすき間を点でぬりつぶすイメージで、アイラインを引こう。

目じりの延長ラインで印象が変わるよ！

延長ラインなし
ナチュラル

たれ目ライン
甘くかわいい

はねあげライン
キレイめ

❀ パッチリ目のためのマッサージ

目のまわりの血流が悪くなると、ハリがなくなったりむくんだりして、目が小さく見えることがあるよ。マッサージでスッキリした目を手に入れよう。

1 マッサージの前に、目のまわりに乳液や、アイクリームをぬる。

2 親指をこめかみに当て、人さし指で、上まぶたを目頭から目じりに向かって、やさしく5回さする。

3 同じように下まぶたを目頭から目じりに向かって、やさしく5回さする。

4 目のまわりの骨の下を軽く押す。

5 両手で目をおおって、目を温める。手は軽くのせるだけだよ。

注意！

目のまわりを強くこすったり、押さえたりするのはNG！やさしくさわるだけで効果があるよ。

目のつかれをとるトレーニング

スマートフォンを長時間見たときなど、目のまわりの筋肉を動かしてリフレッシュしよう。

ホットタオルを目元に置いて温めよう。

遠くの景色を見よう。

目をギュッと閉じて、パッと開いたり、交互に左右の目をウィンクしたりしよう。

🌸 メイクは必ず落とそう！

メイクをしたら、必ず正しい方法で落とそう。
メイクを落とさなかったり、落とし方が不十分
だったりすると、肌トラブルの原因になるよ。

用意するもの
クレンジング
ウォーター　　コットン

1

コットンの裏側まで
しみこんでいるのがわかる
くらいたっぷり出そう。

コットンにクレンジングウォーターを
ふくませよう。

2

コットンを目元や口元に当てて、メイ
クになじませてから、ふきとる。

3

目じりなど、細かい部分はコットンを
おって、肌のカーブにそって、やさし
くふこう。

4

さらに顔全体をやさしくふく。ごしご
し強くこするのは NG だよ。
※お湯で落ちるタイプのマスカラは水では落ちない
ので、使うマスカラの種類を確かめてね。

クレンジングウォーターを使ったメイクオフのほかに、
ジェルやオイルなどを使う方法もあるよ。クレンジング
剤に合った落とし方をしてね！　クレンジングのあと
に、洗顔が必要なものもあるよ。メイクオフして洗顔を
したあと、しっかり保湿をするとツヤツヤお肌に♥

131

お肌のケア 〜洗顔・ニキビ対策〜

皮脂が多くなってテカったり、かと思えばガサガサと乾燥したり、お肌のトラブルはなやみがつきないよね。今日からできる正しい洗顔とスキンケアで、テカリやかさつき、ニキビ対策を始めよう！

🌼 正しい洗顔でトラブル知らず

① 洗顔の準備

『いきなり洗顔は×』

髪をヘアバンドなどで落ちないようまとめたら、石けんでよく手を洗い、洗顔前には、ぬるま湯で顔をぬらそう。

② 石けんを泡立てる

『顔は泡で洗う！』

石けんなら洗顔用ネットで、洗顔料ならそのままぬるま湯でよく泡立てよう。上の図くらいの泡を作ってみてね。

③ 泡でよごれを落とす

『ゴシゴシこするのは逆効果！』

最初はおでこと鼻のＴゾーンに泡をのせて指先でやさしくくるくる広げよう。泡が顔全体に広がったら指の腹で細かく、くるくるしてね。

④ ぬるま湯ですすぐ

『洗い残しは厳禁！』

ぬるま湯でしっかりすすごう。泡を残らず落とすようにしてね。髪の生え際や首すじ、耳の後ろもていねいに。清潔なタオルでそっと押さえるようにふくよ。

ニキビの原因と対策

毛穴がつまった状態。

なんでニキビってできるの？

成長するとホルモンバランスが変化して、皮脂の量が増えるの。多くなりすぎた皮脂や肌のいちばん表面にある角層が毛穴につまると、菌が炎症を起こしてニキビになってしまうんだよ。

ニキビをふせぐ、減らすためにしたいこと

ニキビ対策　その❶　『肌を清潔に』

朝と晩に、134ページの洗顔のしかたで、汗やよけいな皮脂をきちんと洗い流して。洗顔後には刺激の少ない化粧水と乳液などのスキンケアアイテムですぐ保湿をしよう。

石けんで洗うのは朝と晩！洗顔は多すぎるのもよくないよ。

ニキビ対策　その❷　『油の多いものをさける』

油っこいものやお菓子の食べすぎは皮脂を増やしちゃうよ。栄養バランスのよい食事で、体の内側からキレイになろう！

わたしも昔はついつい、ケーキやお菓子をたくさん食べちゃったわ！　でも、ピカピカお肌のために、量を減らすようにしたのよ！

ニキビ対策　その❸　『夜ふかししない』

夜の睡眠タイムは、傷ついたお肌を修復する大事なお肌ケアタイムでもあるよ。しっかり寝ると、ニキビの治りも早くなるよ。

135

7

アイドルみたいな ファッションにチャレンジ

ときには、人気アイドルみたいなファッションに挑戦してみたくない？
大胆イメチェンでみんなの注目を集めちゃおう！

✿ ステージに立って 声援を浴びるイメージで、きらびやかに

ラブリー＆ガーリー

クール＆キュート

ふわっふわの甘ーいイメージなら、ピンクとホワイトの組み合わせできまり！　ウエストをしぼった、光沢のあるジャンパースカートに、レースたっぷりのシャツを合わせて。帽子やアクセサリーも同系色でそろえると、歩いているだけでスポットライトを浴びているみたい！

シンプルめのミニワンピースも、フリルのつけえりと大きめの黒リボンを合わせて身につければキュートな小悪魔アイドルファッションに！
ポイントは徹底的に白と黒を使って、クラシカルな雰囲気を出すこと。黒のような引きしめ色をたっぷり使うことで、体型カバーにもなるよ♥

✿ アイドルの私服イメージで休日モード

お嬢様の休日ふう

ダンスのレッスン日ふう

正統派アイドルをめざすなら、ガーリーファッションもおすすめ。落ち着いた色味のチェックワンピースに短めくつ下と、キュートなルームシューズで、きめすぎないお嬢様ふうをめざしてみて。

アイドルふうのダンスファッションは肩ひじはらずにトライできるよ。きめ手は強い色柄のニーソックスにスニーカー。キャップやリストバンドなどの小物をきかせてアレンジしてね。

〜魔法のノートでなりたい自分に〜

好きな服に簡単に手が届かなくても、あこがれのスタイルをめざしたいなら、自分だけの魔法のノートを作ってみて。ノートは 145 〜 157 ページにあるよ。気になったお店をかきとめたり、理想のファッションを絵にかいたり、雑誌から好きなアイドルの写真を切りぬいてはったりして、なりたい自分をめざしてみよう♥

アイドル・モデルに なりきりポーズ

アイドルやモデルみたいに、キラキラした笑顔やスラリとカッコいい
ポーズを身につけよう！　自信がどんどんわいてくるかも!?

あこがれの人はどこが特別なのかな？
★ 観察して真似してみよう！ Check!!

表情

目がイキイキして
るから表情が、ミ
リョク的だよね！

しぐさ

楽しそうなときは、体全体
で、気持ちを表してるね！

立ち方

背すじがまっすぐ
で、指先まで気を
使ってるね！

歩き方

スラリとした脚を
まっすぐのばして
歩く姿がステキ♥

かわいい、キレイなだけ
じゃなくて、特技を持って
いたり、トークがおもし
ろかったり、かげでとても
努力していたりする姿がミ
リョク的なんだよね〜♥

いつでもキレイに見える
✿ モデルの姿勢ポイント Check!!

基本の姿勢

あごを少し引いて、まっすぐ前を見る。

ねこ背は NG！

おなかはポッコリ見えないよう、キュッとおへそに力を入れる。

お尻の穴もキュッと引きしめると脚長に！

ポーズアレンジ

顔を少しかたむけてみる。

片方の手を下に置くと、バランス GOOD！

指先はそろえすぎず、自然に開く。

脚は少しだけどちらかに重心をおくと美脚に。

ふつうに立っているだけでも、モデルは常に自分の体が美しく見えるように気をつけているよ。キレイな立ち方はふだんの姿勢から！

写真に撮られるときなど、状況に応じた自然なポーズをとるのが優秀なモデルだよ。ひとりのときに鏡を見ながら練習してみよう。

～自分に合う表情をさがしてみよう～

アイドルやモデルの写真を見て、自分らしい表情を見つけてね♥　自分の個性をいかして、気持ちがいちばん上がる表情をするとステキにうつるよ。

笑顔だけではなくクールな表情で個性が出る場合もあるよ！

手のお手入れ ～ハンドマッサージ・つめ～

手は、顔と同じくらい人からよく見られているところだよ。ふだんのお手入れの成果が表れやすいから、気をぬかずにしっかりケアしよう!

✿ キレイな手先を作るハンドマッサージ

❶ ハンドクリームやオイルを手につける

お肌がやわらかくなった入浴後がおすすめだよ。すべりをよくする、ハンドクリームやオイルをたっぷり使おう。

❷ 手の甲と指先をやさしくくるくるマッサージ

手の甲を片方の手の親指でくるくる回転させながらマッサージする。

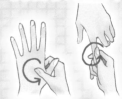

親指と人さし指で指を1本ずつつまんで、親指をくるくる回転しながらもむ。

❸ 指先をひっぱり、手のひらを指圧する

指先をつかんで強めにひっぱり、ポン!とぬくようにはなす。

手のひらを親指でゆっくりと、気持ちいいところまで押す。

ハンドマッサージの効果って?

ハンドクリームなどの成分が手や指先のすみずみまでゆきわたってしっかりとうるおうこともももちろんだけど、血流がよくなって、むくみや冷えがとれるなど、体全体をキレイにする効果があるの。

🌸 つめのお手入れ

つめを切るタイミング

つめはお風呂上がりに切るのがいちばんいいよ。つめがやわらかくなっているから、つめにかかる負担を減らすことができるの。切るのは1〜2週間に一度くらいにしよう。

つめの切り方

1 のびた部分を横にまっすぐ切る

はしから少しずつ、のびた部分を真横に切っていこう。いきなり真ん中から切ると切りすぎて深づめになってしまうよ。前から見て、指がつめより上に見えるようなら切りすぎだよ。

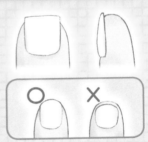

2 左右の角をやすりを使って丸くする

左右の角のとがったところを、つめやすりでけずっていくよ（つめやすりは専用のものを用意しよう）。やすりはゴシゴシ動かさず、一定方向にだけかけよう。

キレイなつめのためにできること

何かを差し出したときに、手やつめがキレイだと、美人度がグッとアップするよね。つめも皮ふの一部だから、乾燥すると荒れてくるよ。定期的につめを切ってハンドクリームをやさしくぬりこむ、ハンド＆ネイルケアを忘れずにね。

脚のお手入れ

~フットマッサージ・足先のケア~

脚は1日中歩いたり座ったり、体の中でもたくさん使うところ。
おつかれさまの気持ちをこめて、毎日マッサージしてあげよう。
つかれもとれて、キレイな脚になれるなんて一石二鳥だよね！

✿ キレイな脚のために

マッサージ

1 ボディクリームや オイルを脚全体にのばす

すべりをよくする
ようにクリームや
オイルをぬって
から始め
てね。

2 足の裏をもむ

のばした脚の上に片方の足をのせて、
両手で足裏全体を押すよ。こぶしを
作って、足の
指のつけ根か
らかかとをさ
すろう。

3 足首～ふくらはぎをもむ

足首をつかんで、
カギ状にした人さ
し指でくるぶしを
なぞるようにマッ
サージしよう。

人さし指をのばして手
のひらでふくらはぎを
膝裏に向かって
もみほぐして
いく。

→

④ 膝の裏をもみほぐす

膝を曲げたところの裏はリンパ節があるところ。指でもみほぐしておくと、脚全体のむくみ解消につながるよ。

⑤ 脚のつけ根までをもみほぐす

膝の上から脚のつけ根までを両手のひらで引き上げるようにもんでいこう。

足先のケア

足のつめも、141ページの手のつめの切り方と同じだよ。足のつめのほうが手よりかたいので、必ず入浴後、皮ふやつめがやわらかいときに切ろう。

くつ下をはいたり、運動して砂や土が入ったりしやすい足のつめ。お風呂では石けんをよく泡立てて、つめブラシか、古くなった歯ブラシなどを使ってつめの間やまわりを掃除しよう。

あんまり外から見えない足のつめだけど、見えないところまでピカピカにしている女の子はとってもステキよ！　ネイルでかざらなくても、清潔感があるのがいちばんね♥

ビューティーテクを伝授！

ここで紹介していることができているか、□に✓を入れて確かめてみよう！

□ モデルみたいに、ステキなポーズを
　とれるようになったかな？

□ アイドルみたいに、キラキラの笑顔が
　できるようになったかな？

□ 自分に似合う色やアイテムがわかったかな？

□ ファッションのシルエットについて
　知ることができたかな？

もっと輝く自分に
なろうね♥

□ プチメイクや小顔ヘアアレンジに
　挑戦してみたかな？

□ 魔法のノートに
　毎日かきこめているかな？

あこがれの自分になれる♥ 魔法のノート

魔法のノートの使い方

💙 〈更新！　わたしのボディデータ Before・After〉に
記録してみよう。

　1週間ボディチェックダイアリーをつける前に、身長・体重・
ボディサイズを 147 ページに記録しよう。ダイアリーをつけ
たあと、取り組みを始める前とあとでどのくらい自分が変わっ
たかを 156 ページに記録しよう。

💙 挑戦してみたいファッションや目標をかこう！

　どんなファッションにチャレンジしたいか、かき出してみよう。
あこがれのモデルやアイドルの写真などをはって、モチベー
ションをアップしてね♥

💙 自分の成長のしかたを見てみよう！

　〈年間身長発育曲線〉を作って、自分が今どの段階にいるのか
を知ったら、段階別のストレッチに挑戦しよう。記入のしかた
は 47 ページを見てね♪

💙 〈1週間ボディチェック
ダイアリー〉をつけよう

体重・睡眠・排便・肌の調子・
食べたもの・運動内容を正確に
かこう。体重は毎朝同じ時間に
量ってね。成長期に体重が増え
るのはふつうのこと。体重や体
脂肪率ばかりを気にしないよう
にして！

日付	5/11（月）	
体重	45　kg	
睡眠	○	
排便	○	
肌の調子	ニキビができた	
食べたもの	最初のひと口	午前 7：00
	朝	ゆで卵、サラダ、トースト
	昼	給食（ひじきごはん、魚のフライ、牛乳）
	おやつ	フルーツゼリー
	夜	ごはん、豚のしょうが焼き、わかめスープ、サラダ
	最後のひと口	午後 6：50
運動内容	マラソン（体育の授業）ジャンピング・ジャック 2回	

記入例

更新！ わたしの ♥ ボディデータ

Before
年　月　日

取り組みを始める前のボディサイズを
記入しよう。取り組みのあとのボディサイズは
156 ページに記入してね。

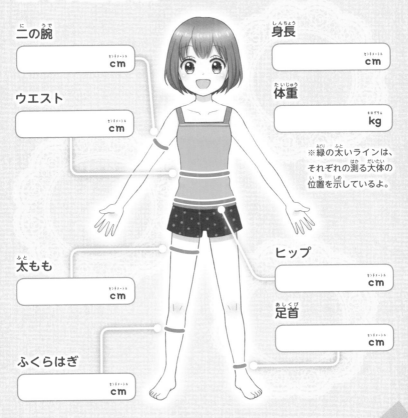

二の腕

cm センチメートル

ウエスト

cm センチメートル

太もも

cm センチメートル

ふくらはぎ

cm センチメートル

身長

cm センチメートル

体重

kg キログラム

※緑の太いラインは、
それぞれの測る大体の
位置を示しているよ。

ヒップ

cm センチメートル

足首

cm センチメートル

147

こんな 🤍♡ 自分になりたい!!

☆

・ あこがれのファッション ・

なりたい自分をイメージすると、
モチベーションがアップするよ☆

☒ アクセサリー

> **例** イニシャルネックレス

☒ 帽子

> **例** リボンつきベレー

☒ バッグ

> **例** クリアバッグ

写真や雑誌の切り
ぬきをはったり、
イラストをかいた
りしてみよう!

☒ ファッション

> **例** 坂道系アイドルコーデ

☒ くつ

> **例** フラットリボン
> バレエシューズ

・ あこがれのあの人……♥ ・

モデルやアイドルであこがれている人はいる？
雑誌の切りぬきなどをはって目標にしよう！

ファッション

メイク

ヘアアレンジ

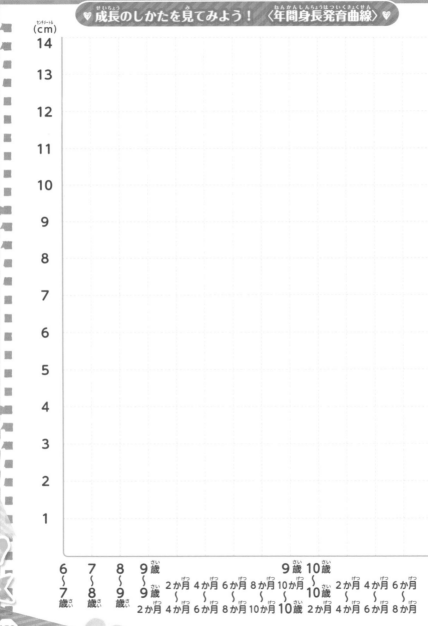

(cm)

14
13
12
11
10
9
8
7
6
5
4
3
2
1

6〜7歳　7〜8歳　8〜9歳　9歳〜9歳2か月　9歳2か月〜4か月　9歳4か月〜6か月　9歳6か月〜8か月　9歳8か月〜10か月　9歳10か月〜10歳　10歳〜10歳2か月　10歳2か月〜4か月　10歳4か月〜6か月　10歳6か月〜8か月

10歳	11歳						11歳	12歳					12歳	（年れい）
8か月	10か月	～11歳	2か月	4か月	6か月	8か月	10か月	～12歳	2か月	4か月	6か月	8か月	10か月	
～10か月	11歳	2か月	4か月	6か月	8か月	10か月	12歳	2か月	4か月	6か月	8か月	10か月	13歳	

151

日付	／ （月）	／ （火）	／ （水）
体重	kg	kg	kg
睡眠			
排便			
肌の調子			
食べたもの　最初のひと口	：	：	：
食べたもの　朝			
食べたもの　昼			
食べたもの　おやつ			
食べたもの　夜			
食べたもの　最後のひと口	：	：	：
運動内容			

／ （木）	／ （金）	／ （土）	／ （日）
kg	kg	kg	kg
：	：	：	：
：	：	：	：

♥ 1週間ボディチェックダイアリー ♥

日付		／ （月）	／ （火）	／ （水）
体重		kg	kg	kg
睡眠				
排便				
肌の調子				
食べたもの	最初のひと口	：	：	：
	朝			
	昼			
	おやつ			
	夜			
	最後のひと口	：	：	：
運動内容				

／ （木）	／ （金）	／ （土）	／ （日）
kg	kg	kg	kg
:	:	:	:
:	:	:	:

更新！　わたしの ⭐ ボディデータ

After

年　月　日

取り組みを始めたあとのボディサイズを
記入しよう。取り組みを始める前（147ページ）と
見くらべて、メリハリボディになったか確かめてみよう！

身長　⬜ cm

体重　⬜ kg

二の腕　⬜ cm

ウエスト　⬜ cm

ヒップ　⬜ cm

太もも　⬜ cm

ふくらはぎ　⬜ cm

足首　⬜ cm

変わったこと・できるようになったこと

これからがんばりたいこと

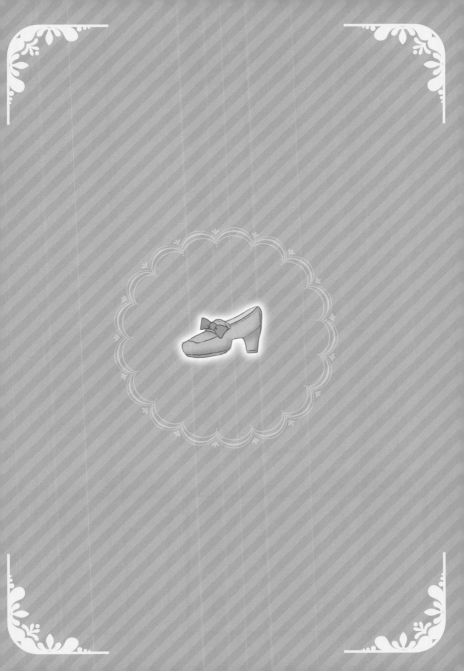

27ページ

ランチョンマット
の柄がちがう。

34〜35ページ

39ページ

45ページ

70〜71ページ

77ページ

115ページ

116〜117ページ

121ページ

125ページ

132〜133ページ

✿ **ストレッチ監修　遠山健太**
株式会社ウィンゲート代表。ワシント ン州立大学教育学部卒業。東海大学ス ポーツ医学科学研究所、全日本モーグル チームトレーナーを経て現職。子ども の運動教室「ウィンゲートキッズ」と「リ トルアスリートクラブ」を運営。『運動 できる子、できない子は6歳までに決 まる！』（PHP研究所）など著書多数。

✿ **栄養・料理監修　有馬佳代**
徳島大学医学部栄養学科卒業、アリゾナ大学大 学院博士課程修了、管理栄養士、遺伝学・栄養 学博士。カリフォルニア大学での栄養素の遺伝子 発現への影響を研究後、ヘルスコンサルティング 事業 Kayo Diet を設立、食事だけではなく運動 や睡眠を含む生活改善指導を日米で展開。日本で は「栄養環境コーディネーター認定講座（株式会 社整理収納教育士）」を執筆、代表講師を務める。

✿ 装丁イラスト／（表）立樹まや、（裏）poco
✿ 漫画・キャラクター／うさぎ恵美
✿ 本文イラスト／青空瑞希、うさぎ恵美、莵乃るぅ、 おおもりあめ、かなき詩織、小咲さと、白沢まりも、 空豆とむ、poco、岬、水谷はつな、ミニカ、林檎ゆゆ
✿ ファッション監修／濱本亜理奈
✿ 骨格診断（104〜105ページ）監修／二神弓子
✿ カバーデザイン／株式会社 ダイアートプランニング （髙島光子）
✿ 本文デザイン・DTP ／有限会社 Zapp!
✿ 執筆・編集協力／兼子梨花、菊池麻由、田中真理
✿ 編集協力／株式会社 童夢

✿ 主な参考文献
『コーチング・クリニック　2016年3 月号』「成熟度を考慮したトレーニング の期分け」星川精豪、『コーチング・ク リニック　2017年5月号』「生物学年 齢で判断し子どもたちの可能性を広げ る」小俣よしのぶ、石元志知（以上ベース ボール・マガジン社）、『新・日本人 の体力標準値Ⅱ』（不昧堂出版）、『競技 スポーツのためのウエイトトレーニン グ〜ポイント整理で学ぶ実践・指導マ ニュアル〜』（体育とスポーツ出版社）

アイドル＆モデルみたいになれる
5分でめちゃかわ♥女子力アップおしゃれ★スタイルレッスン帳

2020年4月30日　第1版第1刷発行

監修者　遠山健太、有馬佳代
発行者　後藤淳一
発行所　株式会社 PHP 研究所
　　　　東京本部　〒135-8137　江東区豊洲 5-6-52
　　　　　　　　　児童書出版部　TEL 03-3520-9635 （編集）
　　　　　　　　　普及部　　　　TEL 03-3520-9630 （販売）
　　　　京都本部　〒601-8411　京都市南区西九条北ノ内町 11
　　　　PHP INTERFACE　https://www.php.co.jp/
印刷所
製本所　図書印刷株式会社